AF235914

Leben Ohne Prinzipien

[Originaltitel: Life Without Principle]

Autor: Henry David Thoreau,
Übersetzung / Fußnoten und weitere Texte: Christina
Schieferdecker

Bibliografische Information der Deutschen Nationalbibliothek:
Die Deutsche Nationalbibliothek verzeichnet diese Publikation in der Deutschen Natio-
nalbibliografie; detaillierte bibliografische Daten sind im Internet über
www.dnb.de abrufbar.

Ausgabe März 2021

© Christina Schieferdecker 2021
Titelbild: Kim Schicklang

Herstellung und Verlag:
BoD – Books on Demand, Norderstedt

ISBN: 978-3-7534-5867-0

Inhaltsverzeichnis

VORWORT

(Autorin: Christina Schieferdecker)

Liebe Leserin, lieber Leser,

die vorliegende Schrift "*Leben ohne Prinzipien*" ist nicht so berühmt, wie "*Über die Pflicht zum Ungehorsam gegen den Staat*", doch ist dies ungerechtfertigt. "*Leben ohne Prinzipien*" wurde von Henry David Thoreau vor seinem Tode in dieser Form verfasst und ist somit quasi sein Nachlass. Er schreibt darin über all das, was ihm in seinen letzten Lebensjahren am meisten beschäftigte. Im Zentrum steht dabei das Thema *Arbeit*. So schreibt er bereits in Absatz 4:

> "*Diese Welt ist ein Ort der Geschäftigkeit*[1]. *Was für ein unendlicher Trubel! Fast jede Nacht werde ich vom Hecheln der Lokomotive geweckt. Sie unterbricht meine Träume. Es gibt keinen Sabbat. Es wäre herrlich, die Menschheit einmal in Muße zu sehen. Es ist nichts als Arbeit, Arbeit, Arbeit.*"

Henry David Thoreau hat nichts gegen Arbeit, doch sollte sie nicht seinen ganzen Tag beanspruchen.

---

[1] "*Business*" ist einerseits "*Geschäfte machen*", es ist aber auch - abgeleitet von "*to be busy*" - beschäftigt sein, etwas unternehmen. Im Deutschen spiegelt deshalb "*Geschäftigkeit*" diese Doppeldeutigkeit etwas wieder, auch wenn es altmodisch klingt. "*Unternehmertum*" würde auch ganz gut als Übersetzung passen.

"Wenn ich sowohl meine Vor- als auch meine Nachmittage an die Gesellschaft verkaufen würde, wie es die meisten zu tun scheinen, bin ich sicher, dass es für mich nichts mehr gäbe, wofür es sich zu leben lohnen würde. [...] Ich möchte darauf hinweisen, dass ein Mensch sehr fleißig sein kann und dennoch seine Zeit nicht sehr gut verbringt. Es gibt keinen fataleren Stümper als den, der den größten Teil seines Lebens damit verbringt, seinen Lebensunterhalt zu verdienen."[2]

Und so arbeitete Henry Thoreau immer dann, wenn ihm eine Arbeit Spaß machte, oder es einmal wieder nötig war, etwas zu tun, um etwas Geld zu verdienen. Dabei war er für jede Arbeit zu haben. So schrieb er am 20.04.1841 in sein Tagebuch:

"Große Gedanken heiligen jede Arbeit. Heute verdiente ich fünfundsiebzig Cent, indem ich Kuhdung aus einem Pferch hob[3], und machte ein gutes Geschäft damit. Wenn der Grabende[4] die

---

[2] *Leben ohne Prinzipien*, Absatz 12

[3] Im Original: *"heaving manure out of a pen"*. *"Manure"* ist *Mist* oder *Dung*, *"pen"* ist ein kleiner *Stall* oder ein *Pferch*. Damit der darauffolgende Satz Sinn macht, war es wahrscheinlich getrockneter Kuhdung, den er von der Weide holen sollte. Kuhdung ist ein guter Dünger, kann man aber auch zum Heizen verwenden. Wenn er getrocknet ist, dann *"klebt"* er am Boden, weshalb Henry Thoreau ihn wahrscheinlich mit einem Spaten oder einem Rasenmesser (Thoreau verwendet *"turf knife"*, was auch ein Kantenschneider oder eine kleine Gartenschaufel sein könnte) teilweise vom Boden trennen musste.

[4] Im Original: *"ditcher"* (auch *"digger"*), das ist jemand, der mit einer Schaufel oder einem Spaten etwas ausgräbt. Die

ganze Zeit darüber nachdenkt, wie er rechtschaf-fen leben kann, können der Stechspaten[5] und das Rasenmesser in das Wappen seiner Nachkommen eingraviert werden." (Thoreau und Torrey 1906, 1, 1837–1846:250–51)

Das eigentliche Problem ist, laut Henry Thoreau, jedoch nicht die Arbeit, sondern unser Bild von uns selbst und der Welt. Wir haben keine Prinzipien mehr. Wir glauben, es wäre wichtig, dies oder jenes zu tun, weil andere es uns sagen und werden dadurch zu unseren eigenen Sklaventreibern.

"Man sagt, Amerika sei die Arena, in der die Schlacht um die Freiheit ausgefochten werden soll; aber es kann nicht Freiheit im rein politi-schen Sinne sein, die gemeint ist. Selbst wenn wir einräumen, dass der Amerikaner sich von einem politischen Tyrannen befreit hat, so ist er doch der Sklave eines wirtschaftlichen und morali-schen Tyrannen."[6]

Und in *Walden* schreibt er:

"Es gibt so viele begierige und feine Herren[7], die sowohl den Norden als auch den Süden verskla-ven. Es ist schwer, einen Aufseher aus dem Süden

---

offizielle Übersetzung ist *"Grabengräber"*.

[5] Im Original: *"ditching spade"*, also *"Grabspaten"*

[6] *Leben ohne Prinzipien*, Absatz 39

[7] Im Original: *"master"*, was die Bezeichnung für den *"Herren"* der Sklaven war und deshalb beim Wort *"master"* auch immer die Bedeutung *"Sklavenhaltung"* mitschwingt.

zu haben; es ist schlimmer, einen aus dem Norden[8] zu haben; aber am schlimmsten von allem [ist es], wenn du dein eigener Sklaventreiber ist." (Thoreau und Carew 1854, 10)

Thoreau ist es wichtig, dass Arbeit würdevoll und notwendig ist. Er lässt sich in "*Leben ohne Prinzipien*" immer wieder über die verschiedenen Formen der würdelosen Arbeit aus und den Wert des Menschen, denn diese erniedrigende Arbeit entwertet ihn letzten Endes.

Alle drei oben erwähnten Schriften (einschließlich der hier vorliegenden) gibt es von mir neu übersetzt, einzeln, oder zusammen in dem Buch "*Mensch sein, statt Untertan*", mit zusätzlichen Texten zum geschichtlichen Hintergrund und einem Text über Henry Thoreau von seinem langjährigen Freund, Ralph Waldo Emerson.

Während ich übersetzte, entdeckte ich, wie schlampig viele Übersetzungen waren und wie ungenau. Deshalb war es mir ein Anliegen, meine Übersetzungen möglichst transparent und nachvollziehbar zu gestalten. Auch war es mir wichtig, Henry Thoreau allen verständlich zu machen. Deshalb enthalten alle Texte nicht nur Anmerkungen zu Übersetzungen, Wortspielen und andere sprachliche Anmerkungen, sondern auch viele Hinweise zu Hintergründen und möglichen Bedeutungen von Aussagen und Sätzen.

---

[8] Thoreau schreibt hier eigentlich "*southern*" (*südlich*) und "*northern*" (*nördlich*), doch hört sich im Deutschen "*aus dem Süden*" und "*aus dem Norden*" besser an.

Es wird weitere Übersetzungen von mir geben. Die Aussagen Henry Thoreaus sind einerseits über 100 Jahre alt, andererseits aber auch hoch aktuell. In einer Zeit, in der Stress und Burnout zu Volkskrankheiten geworden sind und die meistern Menschen bequemer weise gehorchen, statt selbst zu denken und einen eigenen Weg zu gehen, sind sie eine wohltuende Hinterfragung unseres Lebensstils.

Leben wir schon, oder arbeiten wir noch?

Haben wir vor lauter Geschäftigkeit überhaupt noch Zeit zu leben? Wissen wir noch, was das ist: leben?

Christina Schieferdecker

QUELLENANGABE

Autorin: Christina Schieferdecker

Teile aus *"Leben ohne Prinzipien"* wurden von Henry David Thoreau schon in anderen Vorträgen verwendet und existieren in verschiedenen Versionen. Kurz vor seinem Tode überarbeitete er einen Vortrag unter dem Titel *"What Shall It Profit?"* nochmals für eine offizielle Veröffentlichung, die jedoch erst nach seinem Tode (1862) stattfand. *"Leben ohne Prinzipien"* wurde erstmals in der Oktober-Ausgabe des *Atlantic Monthly* veröffentlicht (Band 12, Ausgabe 71, S. 484–495.), wo der Text seinen heutigen Titel *"Life without Principle"* erhielt.

Der vorliegende Text entspricht der 1866 erschienenen Version in *"A Yankee in Canada, with Antislavery and reform papers"*[9].

---

[9] (Thoreau u. a. 1866)

Quellenangabe

LEBEN OHNE PRINZIPIEN

[Originaltitel: Life Without Principle]

(Autor: Henry David Thoreau, Übersetzung und Fußnoten: Christina Schieferdecker)

[Einleitung]

[1] In einem Lyzeum[10] hatte ich vor nicht allzu langer Zeit das Gefühl, dass der Dozent ein Thema gewählt hatte, das ihm selbst zu fremd war, und so konnte er mein Interesse nicht so sehr wecken, wie er es vielleicht getan hätte. Er beschrieb die Dinge nicht mit dem Herzen oder in der Nähe seines Herzens, sondern nur an der Oberfläche[11]. In diesem Sinne gab es in der Vorlesung keinen wirklich zentralen oder zentralisierenden Gedanken. Ich hätte ihn mit seinen intimsten Erfahrungen umgehen lassen sollen, wie man es als Dichter tut.[12] Das größte

---

[10] In des USA gab es eine Lyceum-Bewegung. Deren Ziel war es, Bildung für alle Menschen, vor allem Erwachsene, zugänglich zu machen. Ein Lyceum ist also etwas, wie eine Volkshochschule. Hier wurden Vorträge zu bestimmten Themen angeboten, für die die Redner bezahlt wurden.

[11] Im Original: "*He described things not in or near to his heart, but toward his extremities and superficies.*" Eigentlich: "*Nicht nahe seines Herzens, sondern nahe der Extremitäten und der Oberfläche*". Da ich "*Extremitäten*" irreführend fand, da dies im Deutschen noch eine Zusatzbedeutung hat, habe ich es bei "an der Oberfläche" belassen.

[12] Leider erfahren wir nicht, "*wie man es als Dichter tut*". Vielleicht möchte er sagen, dass er ihn hätte fragen sollen, was er wirklich dachte?

Kompliment, das mir je gemacht wurde, war, als man mich fragte, was ich denken würde, und sich um meine Antwort kümmerte. Ich bin überrascht, aber auch erfreut, wenn dies geschieht, denn es ist ein so seltener Gebrauch, den jemand von mir macht, als ob er mit dem Werkzeug vertraut wäre. Wenn Menschen etwas von mir wollen, dann wollen sie gewöhnlich nur wissen, wie viele Morgen es werden, wenn ich ihr Land vermesse[13] – da ich Landvermesser bin – oder höchstens, welche trivialen Neuigkeiten ich mit mir herumtrage. Sie werden sich nie mit meinem Inneren auseinandersetzen[14]; sie bevorzugen die Schale. Ein Mann kam einmal von weit her, um mich zu bitten, eine Vorlesung über Sklaverei zu halten; aber als ich mich mit ihm unterhielt, stellte ich fest, dass er und seine Clique erwarteten, dass sieben Achtel der Vorlesung ihnen gehörten und nur ein Achtel mir; also lehnte ich ab. Wenn ich eingeladen werde, irgendwo einen Vortrag zu halten, gehe ich davon aus – denn ich habe ein wenig Erfahrung in diesem Geschäft -, dass der Wunsch besteht, meine Meinung zu irgendeinem Thema zu hören, auch wenn ich vielleicht der größ-

---

[13] Im Original: "*how many acres I make of their land*" Da Thoreau ja nur misst und das Land oder die Größe des Grundbesitzes nicht ändert, ist "*machen*" an dieser Stelle keine passende Übersetzung. "*Machen*" würde nur in sofern eine Bedeutung machen, wenn wenn nach dem Endergebnis gefragt wird, ähnlich wie "*Wieviel macht das?*", im Sinne von "*Wieviel Land habe ich?*"

[14] Original: "*They never will go to law for my meat*". "*Go to law*" = "*vor Gericht gehen*". Der Satz bedeutet also: *Sie werden nie über mein Fleisch urteilen*

te Narr im Lande bin, und nicht, dass ich nur ange-
nehme Dinge sagen sollte, oder solche, denen die
Zuhörer zustimmen werden, und ich beschließe
dementsprechend, dass ich ihnen eine starke Dosis
von mir selbst verabreichen werde. Sie haben nach
mir geschickt und sich entschieden mich zu bezahlen, und ich habe mich entschlossen, dass sie mich
haben werden, und ich sie über alles bisher Dage-
wesene nervös und betroffen mache[15].

[2] Deshalb möchte ich nun etwas Ähnliches zu
Ihnen, meinen Lesern, sagen. Da Sie meine Leser
sind und ich nicht viel gereist bin, werde ich nicht
über Menschen sprechen, die tausend Meilen ent-
fernt sind, sondern so nahe wie möglich bei meiner

---

[15] Thoreau verwendet hier "*bore*". "*To bore*" bedeutet im Englischen "bohren" <u>und</u> "langweilen". Da "*bore*" sowohl "*bohren, stechen*" als auch "*langweilen*" bedeutet, könnte die Doppeldeutigkeit hier Absicht sein. Leider gibt es kein deutsches
Wort, das beide Wortbedeutungen auch nur annähernd enthält. Die englische "*Langeweile*" hat keinen Zusammenhang
mit einer "*langen Weile*", wie im Deutschen, sondern ist
etwas *Bohrendes*.
"*To bore*" im Sinne von "*langweilen*" bedeutet laut Merriam
Webster: "*to cause to feel weariness and restlessness*". Wenn
jemand "*boring*" ist, dann erzeugt er ein Gefühl von Über-
druss und Rastlosigkeit.
Zusätzlich werden die Zuschauer von ihm "*angebohrt*", oder
in ihrem Inneren getroffen, im weitesten Sinne. Ich vermute,
dass Thoreau sein Publikum nicht "*langweilen*" möchte, sondern dass er ausdrücken möchte, dass er diese Oberflächliche,
die er zuvor kritisierte, durchstoßen möchte. Quasi "*nicht
oberflächlich sein, sondern das Innere ansprechen*".
Das bei mir entstehende Bild ist eher das des nervösen
Betroffenseins, das zu dieser Beschreibung passt. Deshalb
habe ich mich für diese Übersetzung entschieden.

Heimat bleiben. Da die Zeit knapp bemessen ist, werde ich alle Schmeicheleien weglassen und mich nur auf die Kritik konzentrieren[16].

[3] Lassen Sie uns über die Art und Weise nachdenken, mit der wir unser Leben verbringen.

[Geschäftigkeit und Ansehen]

[4] Diese Welt ist ein Ort der Geschäftigkeit[17]. Was für ein unendlicher Trubel! Fast jede Nacht werde ich vom Hecheln der Lokomotive geweckt. Sie unterbricht meine Träume. Es gibt keinen Sabbat. Es wäre herrlich, die Menschheit einmal in Muße zu sehen. Es ist nichts als Arbeit, Arbeit, Arbeit. Ich kann mir nicht einfach ein leeres Buch kaufen, in das ich meine Gedanken schreiben kann; sie werden üblicherweise nach Dollar und Cent bewertet[18]. Ein Ire, der sah, wie ich eine Notiz auf dem Feld [stehend] machte, nahm es als selbstverständlich an, dass ich [gerade] meinen Lohn berechne.[19] Wenn

---

[16] Original: "*and retain all the criticism.*" = "*und behalten alle Kritik bei*".

[17] "*Business*" ist einerseits "*Geschäfte machen*", es ist aber auch - abgeleitet von "*to be busy*" - beschäftigt sein, etwas unternehmen. Im Deutschen spiegelt deshalb "*Geschäftigkeit*" diese Doppeldeutigkeit etwas wieder, auch wenn es altmodisch klingt. "*Unternehmertum*" würde auch ganz gut als Übersetzung passen.

[18] "*Rule*", was Thoreau im Original verwendet, ist auch das Maß. "*To be ruled*" ist also, nach welchem Maß etwas bemessen wird.

[19] Thoreau machte sich stets Notizen, wenn er unterwegs war, die er dann in sein Tagebuch übertrug.

ein Mensch als Säugling aus dem Fenster geworfen wurde und dadurch zum lebenslangen Krüppel wurde oder von den Indianern zu Tode erschreckt wurde, wird das vor allem deshalb bedauert, weil er dadurch untauglich wurde - und nicht mehr geschäftig sein kann![20] Meiner Meinung nach gibt es nichts, auch nicht das Verbrechen, das der Poesie, der Philosophie, ja dem Leben selbst mehr entgegensteht, als diese unaufhörliche Geschäftigkeit.

[5] Es gibt einen groben und ungestümen Geldverdiener am Rande unserer Stadt, der unter dem Hügel am Rande seiner Wiese eine Mauer [zum Schutz vor der Erosion des Hanges] bauen will. Irgendwelche Mächte[21] haben ihm das in den Kopf gesetzt, [dass er dies tun müsse], um sich vor Verlusten zu schützen, und er möchte, dass ich drei Wochen lang mit ihm dort grabe. Das Ergebnis wird sein, dass er vielleicht etwas mehr Geld zum Horten bekommt und dieses seinen Erben zum törichten Ausgeben überlassen wird. Wenn ich das tue, werden mich die meisten als fleißigen und arbeitsamen Menschen loben; aber wenn ich mich dafür entscheide, mich bestimmten Arbeiten zu widmen, die zwar mehr echten Gewinn bringen, aber nur wenig Geld, werden sie vielleicht geneigt sein, mich als Faulenzer zu betrachten. Da ich jedoch keinen Wert darauf lege, dass ich sinnlose Arbeit verrichte,

---

[20] Original: "*because he was thus incapacitated for—business!*".
     Eigentlich ist es wörtlich "*untauglich gemacht wird für - die Geschäftigkeit*".

[21] Thoreau spricht von "*The Powers*", die dem Mann etwas in den Kopf gesetzt haben sollen.

damit andere mich danach beurteilen können[22], und da ich in dem Unternehmen dieses Burschen absolut nichts Lobenswertes sehe, ebenso wenig wie in manchen Unternehmungen unserer eigenen oder einer fremden Regierung, egal wie unterhaltsam es für ihn oder sie auch sein mag, ziehe ich es vor, mich anderweitig um meine Bildung zu kümmern[23].

[6] Wenn ein Mensch aus Liebe zum Wald in diesem den halben Tag wandert, läuft er Gefahr, als Faulpelz betrachtet zu werden; wenn er aber seinen ganzen Tag als Spekulant verbringt, den Wald abholzt und die Erde vor ihrer Zeit zur Wüste werden lässt[24], wird er als fleißiger und unternehmungslustiger Bürger geschätzt. Als ob eine Stadt kein Interesse an ihren Wäldern hätte, sondern daran, sie abzuholzen!

---

[22] Im Original: "*I do not need the police of meaningless labor to regulate me*", bedeutet wörtlich übersetzt: "*Ich benötige keine Beaufsichtigung bei bedeutungsloser Arbeit, um mich [ein] zu ordnen*".

[23] Im Original: "*I prefer to finish my education at a different school.*" = "*Ich bevorzuge es, meine Ausbildung an einer anderen Schule zu vollbeenden*". Da wir wissen, dass Thoreau das Wandern in der Natur für eine wichtige Beschäftigung und die Natur als wichtige Schule für den Menschen sieht, soll dies wahrscheinlich die Überleitung zum nächsten Absatz sein.

[24] Thoreau spricht hier wörtlich von "*Bäume abschneiden*", wodurch dann die Erde, wie ein Kopf, von dem man die Haare abschneidet, "*kahl*" wird. Ich habe mich für ein anders Beispiel entschieden, das etwa die gleiche Bedeutung hat und im Deutschen besser funktioniert.

[Würdevolle Arbeit]

[7] Die meisten Menschen würden sich beleidigt fühlen, wenn man ihnen vorschlagen würde, sie damit zu beschäftigen, Steine über eine Mauer zu werfen und sie dann zurück zu schmeißen, nur damit sie ihren Lohn verdienen. Aber viele sind heute nicht mehr würdig beschäftigt. Ein Beispiel: Kurz nach Sonnenaufgang, an einem Sommermorgen, bemerkte ich, wie einer meiner Nachbarn[25] neben seinem Gespann lief, das langsam einen schweren behauenen Stein, der sich um eine Achse drehte, hinter sich her zog, umgeben von einer Atmosphäre der Emsigkeit, - seine Tagesarbeit begann, - seine Stirn geriet ins Schwitzen, - ein Vorwurf an alle Faulenzer und Müßiggänger, - dann hielt er neben den Schultern seiner Ochsen inne und drehte sich halb um, und schwang seine barmherzige Peitsche, während sie [gemeinsam] ihre Bahnen auf dem Feld zogen. Und ich dachte: Das ist die Arbeit, die der amerikanische Kongress zu schützen hat, - ehrliche, männliche Mühsal, - ehrlich, wie der Tag lang ist, - die ihn zufrieden[26] sein Brot essen

---

[25] Thoreau nennt nahezu jeden seiner Mitmenschen in Concord *Nachbarn*, egal, ob er ihn kennt, oder nicht.

[26] Im Original: "*that makes his bread taste sweet, and keeps society sweet.*" Da "*sweet*" in der Bedeutung von "*süß*" im zweiten Teil des Satzes nicht passt und ich die Doppelung erhalten wollte, habe ich "*zufrieden*" verwendet. In dieser Bedeutung wird "*sweet*" im zweiten Satz verwendet. Cramer (Thoreau und Cramer 2013) behauptet, Thoreau beziehe sich hier auf die Sprüche Salomos, 20:17, wo es heißt (King James Bibel): "*Bread of deceit is sweet to a man; but afterwards his mouth shall be filled with gravel.*" Lutherbibel:

lässt und die Gesellschaft mit ihm zufrieden sein lässt, - [die Arbeit,] die alle Menschen respektieren und geweiht haben: [Und so ist dieser arbeitende Mensch] einer der Heiligen Schar[27], die die nötige, aber lästige Plackerei tut. Tatsächlich empfand ich einen leichten Vorwurf, weil ich dies vom Fenster aus beobachtete und nicht draußen war und nicht einem ähnlichen Geschäft nachging[28]. Der Tag verging, und am Abend ging ich am Hof eines anderen Nachbarn vorbei, der viele Diener unterhält und törichterweise viel Geld ausgibt, während er nichts zum gemeinsamen Einkommen [seines Hofes][29]

"*Das gestohlene Brot schmeckt dem Manne wohl; aber hernach wird ihm der Mund voll Kieselsteine werden.*" (bibeltext.com 2020)

[27] Wikipedia: "*Die Heilige Schar [von Theben] war eine Eliteeinheit der antiken thebanischen Streitkräfte, die aus 150 männlichen Liebespaaren bestand und von dem thebanischen Feldherrn Gorgidas gegründet wurde. Sie stellte den Kern der thebanischen Phalanx dar.*" (Wikipedia 2020c)
Es gibt eine weitere Heilige Schar. Wikipedia: "*Die Heilige Schar war eine Streitmacht, die Alexander Ypsilantis zu Beginn des griechischen Unabhängigkeitskrieges Mitte März 1821 in der Walachei, heute Teil Rumäniens, gegründet hatte. Sie wurde von freiwilligen Studenten [...] gegründet. Es war die erste organisierte Militäreinheit des griechischen Unabhängigkeitskrieges (1821) und der griechischen Armee im Allgemeinen. Ypsilantis dachte, dass diese jungen Leute die Seele seiner Armee werden könnten. Aus diesem Grund lieh er sich den Namen der Heiligen Schar von Theben aus.*" (Wikipedia 2020b)

[28] Im Original: "stirring about a similar business". "Stirring" von "to stir": etwas bewegen, sich regen, sich rühren.

[29] Original: "*common Stock*": Damit ist das gemeinsame Einkommen, bzw. der gemeinsame Besitz/Bestand gemeint.

beiträgt, und da sah ich den Stein des Morgens neben einem skurrilen Gebilde[30] liegen, das das Anwesen dieses Lord Timothy Dexter schmücken sollte[31], und die Würde [die ich] der Arbeit des Gespannführers [zugeschrieben hatte], war augenblicklich dahin. Meiner Meinung nach wurde die Sonne dazu gemacht, würdevollere Arbeit als diese zu bescheinen. Ich darf hinzufügen, dass sein Arbeitgeber inzwischen abgehauen ist, einem guten Teil der Stadt etwas schuldig ist und sich, nach einem Gerichtsprozess[32], woanders niedergelassen hat, um dort wieder ein Gönner der Geisteswissenschaften zu werden.[33]

---

[30] Original: "*structure*" = "*Struktur*"

[31] Lord Timophy Dexter starb bereits 1806. Es handelte sich deshalb wohl um ein Anwesen, das ihm früher gehört hatte und nun einen anderen Besitzer hatte und zwar Samuel Green Wheeler, wie wir von Cramer (Thoreau und Cramer 2013) erfahren.

[32] Im Original: "*after passing through Chancery*". Mit Chancery ist hier der Court of Chancery gemeint, eine Gerichtsbarkeit neben der des offiziellen Gerichts. Wikipedia: "*Durch Anwendung der strikten formalen Regeln des* common law *durch die königlichen Gerichte kam es oft zu als ungerecht empfundenen Urteilen, gegen die der englische König schon früh die Möglichkeit eröffnete, sich an ihn zu wenden, um ein* at law *richtiges Urteil als in* equity *ungerecht aufzuheben. Der König delegierte diese Aufgabe bald an seinen Lordkanzler.* Equity *entwickelte schon bald ein Eigenleben und bildete ein ergänzendes Regelwerk zum* common law *und konnte am* court of Chancery, *d. h. am Gericht des Kanzlers, mit einer eigenen Klage erlangt werden.*" (Wikipedia 2018) Diese parallele Gerichtsbarkeit gab es wohl auch nach der Unabhängigkeit von England weiterhin.

[8] Die Wege, auf denen man fast ausnahmslos zu Geld kommen kann, führen fast ausnahmslos nach unten. Etwas getan zu haben, womit man Geld verdient hat, bedeutet lediglich, wirklich untätig gewesen zu sein oder schlimmer. Wenn der Arbeiter nicht mehr als den Lohn bekommt, den sein Arbeitgeber ihm bezahlt, wird er betrogen, er betrügt sich selbst. Um als Schriftsteller oder Dozent Geld zu bekommen, müssen Sie beliebt sein, was den eigenen Untergang bedeutet[34]. Die Dienste, die die Gemeinschaft am bereitwilligsten bezahlt, sind am unangenehmsten zu erbringen. Man wird dafür bezahlt, dass man etwas weniger ist als ein Mensch. Der Staat belohnt ein Genie im Allgemeinen auch nicht

---

[33] "*Patron of the arts*". Da Thoreau hier "*wieder*" (once more) schreibt, nehme ich an, dass er "*patron of the arts*" in dem Sinne meint, dass er (Samuel Green Wheeler) wieder andere für sich arbeiten lässt. Er ist der "*patron*", während andere etwas tun. Deshalb habe ich mich für "*Gönner der Geisteswissenschaften*" entschieden, weil dies im übertragenen Sinn auch bedeuten kann: Er gibt sich "*geistiger*" Arbeit hin, während andere im Schweiße ihres Angesichts für ihn arbeiten. Über Samuel Green Wheeler wissen wir, Dank der Aufzeichnungen in "*Memoirs of members of the Social Circle in Concord: third series, from 1840 to 1895.*" (John Shepard Keyes 1888, 60–65), dass Wheeler nach seinem Weggang wieder Spekulationsgeschäfte tätigte und abermals pleite ging.

[34] Original: "*which is to go down perpendicularly*" = "*was bedeutet konstant zu sinken*". Schon weiter oben erwähnt Thoreau, dass ihm Geld gezahlt werden würde, damit er belanglose Sachen sagen würde, also das, was die Menschen hören wollten - und er dies eigentlich ablehne. Ich vermute, dass er dies hier meint. Um beliebt zu sein, muss ich mich selbst verraten, muss das sagen, was sie hören wollen. Wenn ich aber Dinge hinterfrage, weil ich etwas ändern möchte, bin ich automatisch unbeliebter und verdiene weniger Geld.

besser. Selbst der Poet-Laureate[35] möchte die Unfälle des Königtums lieber nicht feiern müssen. Er muss mit einer Flasche Wein bestochen werden[36]; und vielleicht wird ein anderer Dichter von seiner Muse weg gerufen, um den Inhalt genau dieser Flasche zu überprüfen. Was mein eigenes Geschäft anbelangt, so ist selbst die Art von Vermessung, die ich [als Landvermesser] mit größter Genugtuung durchführen könnte, von meinen Arbeitgebern nicht gewollt. Sie würden es vorziehen, wenn ich meine Arbeit grob und nicht zu gut, ja, nicht gut genug machen würde. Wenn ich anmerke, dass es verschiedene Arten der Vermessung gibt, fragt mein Arbeitgeber gewöhnlich, welche ihm das meiste Land einbringt, und nicht, welche am korrektesten ist. Ich habe einmal eine Regel für die Vermessung von gebündeltem Feuerholz erfunden und versucht, sie in Boston einzuführen; aber der Vermesser dort sagte mir, dass die Verkäufer ihr Holz nicht korrekt vermessen lassen wollten, dass er schon zu genau für sie sei, und deshalb ließen sie ihr Holz gewöhnlich in Charlestown vermessen [anstatt bei ihm in Boston], bevor sie die Brücke [nach Boston] überquerten.

---

[35] Ein vom Staat besonders ausgezeichneter Dichter, bzw. ein vom Staat besonders gefeierter und anerkannter Dichter (vom Lateinischen *"poeta laureatus"* = *"lorbeergekrönter Dichter"*), auch der Dichter des Königshofes.

[36] Es war Brauch, dem *Poet Laureate* zur Amtseinführung mehre Fässer Wein oder Sherry zu schenken.

[9] Das Ziel des Arbeiters sollte nicht sein, seinen Lebensunterhalt zu verdienen, "eine gute Arbeit" zu bekommen, sondern eine bestimmte Arbeit gut auszuführen; und selbst in einem monetären Sinne wäre es für eine Stadt wirtschaftlich, ihre Arbeiter so gut zu bezahlen, dass sie nicht das Gefühl hätten, sie arbeiteten für niedrige Zwecke, für den reinen Lebensunterhalt, sondern für wissenschaftliche oder sogar moralische Zwecke. Stellen Sie nicht einen Menschen ein, der Ihre Arbeit für Geld tut, sondern einen, der sie aus Liebe zu ihr tut.

[10] Es ist bemerkenswert, dass es Menschen gibt, die eine so gute Arbeitsstelle haben, die ihren Wünschen entspricht, aber dass sie sich mit ein wenig Geld oder Ruhm im Allgemeinen kaufen ließen und ihre gegenwärtige Beschäftigung aufgeben würden. Ich sehe Werbung für tatkräftige[37] junge Männer, als ob Tatkraft das gesamte Kapital eines jungen Mannes wäre. Dennoch war ich überrascht, als jemand mir, einem erwachsenen Mann, mit Zuversicht vorschlug, mich an einer seiner Unternehmungen zu beteiligen, als ob ich absolut nichts zu tun hätte, und als ob mein Leben bisher ein völliger Misserfolg gewesen wäre. Was für ein zweifelhaftes Kompliment das für mich war! Als wäre er mir auf halbem Weg über den Ozean entgegengekommen, gegen den Wind ankämpfend, aber nirgendwo hin gehörend, und hätte mir vorgeschlagen, mit ihm mitzufahren! Wenn ich das täte, was würden die ange-

---

[37] Im Original: "*active*" (*aktiv*)

stellten Seeleute[38] Ihrer Meinung nach sagen? Nein, nein! Ich bin in dieser Phase der Reise nicht ohne Arbeit. Um die Wahrheit zu sagen, habe ich als Junge in meinem Heimathafen eine Anzeige für arbeitsfähige Seeleute gesehen, und sobald ich volljährig war, schiffte ich mich ein.[39]

[11] Die Gemeinschaft hat kein Bestechungsgeld, das einen klugen Menschen in Versuchung führen könnte. Sie mögen genug Geld aufbringen, um einen Berg zu untertunneln, aber Sie können nicht genug Geld aufbringen, um einen Menschen anzuheuern, der seine eigenen Angelegenheiten im Kopf hat[40]. Ein tüchtiger und wertvoller Mensch tut, was

---

[38] Im Original: "*the underwriters*": Das sind die, die ihre Unterschrift unter einen Vertrag gesetzt haben. Das es im Folgenden um Seeleute geht, habe ich mich auch hier auf sie bezogen. Was uns Thoreau mit diesem Satz und den restlichen dieses Absatzes sagen will, ist mir schleierhaft. Meine einzige Idee ist folgende, um das Bild von Thoreau zu verwenden: Es kommt jemand angesegelt, möchte mit mir weitersegeln und entlässt dafür seine Mannschaft, denn nun hat er ja mich. Doch ich habe nicht die Erfahrung eines Seemanns und nehme diesen dann den Job weg.

[39] Thoreau möchte hier wohl ausdrücken, dass er sich bereits seit seinem Studium auf eine Reise begeben hat, seinen Weg gefunden hat, und keine Vorschläge Anderer benötigt, wie er leben sollte oder könnte. Er selbst ist nie zur See gefahren.

[40] Original: "*but you cannot raise money enough to hire a man who is minding his own business.*" Der letzte Teil des Satzes bereitet mir etwas Kopfzerbrechen. Da "*mind*" auch der Verstand oder Gedanke ist, bedeutet "*minding*" quasi "*im Verstand haben*", was meist im Sinne von "*daran denken*" oder "*beachten*" übersetzt wird. Vielleicht muss man diesen Satz so verstehen, dass wer eine Aufgabe im Leben hat und sich derer bewusst ist, nicht für andere Aufgaben zu haben ist?

er kann, unabhängig davon, ob die Gemeinschaft ihn dafür bezahlt oder nicht. Die Untüchtigen bieten ihre Untüchtigkeit dem Meistbietenden an und erwarten immer, dass sie den Job auch bekommen. Man sollte annehmen, dass sie selten enttäuscht werden.

[12] Vielleicht bin ich mehr als üblich auf meine Freiheit bedacht. Ich habe das Gefühl, dass meine Verbindung zur Gesellschaft und meine Verpflichtung ihr gegenüber immer noch sehr gering und vergänglich sind. Diese geringfügigen Arbeiten, die mir den Lebensunterhalt sichern und durch die ich meinen Zeitgenossen in gewissem Maße dienlich sein darf, sind mir gewöhnlich noch ein Vergnügen, und ich werde nicht oft daran erinnert, dass sie eine Notwendigkeit sind. Bislang bin ich erfolgreich. Aber ich prophezeie, dass, sollten meine Wünsche sehr viel größer werden, die Arbeit, die erforderlich ist, um sie zu erfüllen, zu einer Plackerei werden würde. Wenn ich sowohl meine Vor- als auch meine Nachmittage an die Gesellschaft verkaufen würde, wie es die meisten zu tun scheinen, bin ich sicher, dass es für mich nichts mehr gäbe, wofür es sich zu leben lohnen würde. Ich vertraue darauf, dass ich auf diese Weise niemals mein Geburtsrecht für ein Linsengericht verkaufen werde[41]. Ich möchte darauf hinweisen, dass ein Mensch sehr fleißig sein kann und dennoch seine Zeit nicht sehr gut verbringt. Es gibt keinen fataleren Stümper als den, der den größ-

---

[41] Hier bezieht sich Thoreau auf die Bibel: Gen 25,29-34. Esau verkauft Jakob sein Erstgeburtsrecht für ein Linsengericht, weil er Hunger hat. Später wird Jakob Esau töten.

ten Teil seines Lebens damit verbringt, seinen Lebensunterhalt zu verdienen. Alle großen Unternehmungen[42] sind selbsttragend. Der Dichter zum Beispiel muss seinen Körper durch seine Poesie erhalten, so wie ein Dampfhobelwerk[43] seine Kessel mit den anfallenden Spänen speist. Man sollte seinen Lebensunterhalt mit Liebe [zu dem, was man tut,] verdienen[44]. Aber so, wie man von den Kaufleuten sagt, dass siebenundneunzig von hundert scheitern, so ist das Leben von Menschen, die es

---

[42] Original: "*enterprises*" = *Unternehmen, Betriebe, Vorhaben, Firmen, Unternehmungen*

[43] Es ist nicht ganz klar, was ein "*steam planing-mill*" sein soll. Man kann es vielfältig übersetzen. Eine "*mill*" ist entweder eine Maschine, eine Fabrik (im weitesten Sinne) oder der Vorgang selbst. "*Werk*" kann im Deutschen sowohl eine Fabrik, als auch eine Maschine sein, weshalb diese Doppeldeutigkeit in dieser Übersetzung mit drin steckt. Cramer (Thoreau und Cramer 2013) weist darauf hin, dass "*mill*" auch ein Laden (*shop*) sein könnte.

[44] Im Original: "*You must get your living by loving.*" Thoreau ist kein Romantiker, zumindest nicht, wenn es um die Liebe geht. Er ist sehr pragmatisch, weshalb auch dieser Satz eher pragmatisch gemeint ist. Es könnte auch heißen: "*by loving your living*", also "*Du musst dein Leben erhalten/erlangen indem du es liebst*". Viele Menschen lieben es nicht zu leben, sondern zu arbeiten. Sie verdienen ihren Lebensunterhalt nicht dadurch, dass sie ihr Leben leben, sondern durch Arbeit, die sie gezwungener Maßen tun. Sie lieben nicht, was sie tun, doch das sollten sie, denn sonst leben sie nicht wirklich.

nach der Norm versuchen[45], im Allgemeinen ein Fehlschlag, und der Bankrott kann sicherlich prophezeit werden.

[Geld und Arbeit]

[13] Wenn man als Erbe eines Vermögens auf die Welt kommt, bedeutet das nicht, geboren worden zu sein, sondern vielmehr tot geboren zu werden[46]. Von der Nächstenliebe von Freunden oder einer staatlichen Pension unterstützt zu werden, – vorausgesetzt, man atmet weiter (mit welchen schönen Synonymen auch immer man diese Beziehungen beschreibt)[47], bedeutet, ins Armenhaus zu gehen. Sonntags geht der arme Schuldner in die Kirche, um sein [Sünden-] Konto zu überprüfen, und stellt natürlich fest, dass seine Ausgaben höher waren als

---

[45] Thoreau meint hier wahrscheinlich die Menschen, die "*den größten Teil*" ihres "*Lebens damit*" verbringen, ihren "*Lebensunterhalt zu verdienen.*"

[46] Dieser Satz ist im Original seltsam. Es gibt verschiedene Übersetzungen, weil hier wieder einmal nicht klar ist, was Haupt- und was Nebensatz ist. Ich habe mich für eine sinnvolle Übersetzung entschieden, die die Haltung wiedergibt, die Thoreau schon häufiger äußerte: Vermögend zu sein bedeutet nicht automatisch auch zu leben. Wahres Leben ist keines, das nach Besitz strebt. Im Original steht: "*Merely to come into the world the heir of a fortune is not to be born, but to be still-born, rather.*" Da Thoreau "*still-born*" schreibt statt "*stillborn*", könnte er es auch zweideutig meinen: Man wird immer noch geboren, im Sinne von: Die Geburt hält an und man ist noch nicht wirklich in der Welt angekommen.

[47] Klammer von mir gesetzt, um den Satz besser lesbar zu machen.

seine Einnahmen[48]. Besonders in der katholischen Kirche gehen sie in den Beichtstuhl, legen eine saubere Beichte ab, geben alles auf und denken daran, neu anzufangen. Auf diese Weise werden die Menschen auf dem Rücken liegen, über den Sündenfall reden und sich nie bemühen, wieder aufzustehen.[49]

[14] Vergleicht man die Ansprüche, die Menschen an das Leben stellen, so kann man vor allem zwei verschiedene ausmachen: Bei dem einen [Anspruch] gibt sich der Mensch mit einem Erfolgslevel zufrieden, bei welchem alle seine Ziele in Kernschussweite getroffen werden können[50], während der Mensch bei dem anderen [Anspruch an das Leben], egal wie niedrig und erfolglos sein Leben auch sein mag, sein Ziel ständig erhöht, wenn auch in einem sehr kleinen Winkel zum Horizont. Ich sollte viel lieber der letztere Mensch sein, obwohl,

---

[48] Mit Einnahmen (*income*) und Ausgaben (*outgoes*) sind hier wahrscheinlich die guten und schlechten Taten gemeint, denn sonst würde der Bezug zum nächsten Satz nicht passen.

[49] Im Original: "*Thus men will lie on their backs [...] and never make an effort to get up.*" "*Backs*" hat im Englischen eine etwas andere Bedeutung, als im Deutschen. Einerseits liegen diese Menschen hilflos, wie Käfer, auf dem Rücken und stehen nicht mehr auf. Andererseits ist "*back*" aber auch die Vergangenheit oder die Arbeitsfähigkeit. Beide Bedeutungen sind hier mit drin.

[50] Die Kernschussweite ist die Entfernung, in welcher ein Geschoss nicht mehr durch die Schwerkraft beeinflusst wird. Oder anders ausgedrückt: Bei dieser Entfernung schießt niemand mehr daneben. Thoreau hätte auch schreiben können, dass ihr Ziel sei, einen Ball in einem leeren Fußball-Tor aus 5 Meter Abstand zu versenken.

wie die Orientalen sagen: "Größe erreicht nicht, wer immer nach unten schaut, und all jene, die hoch schauen, werden arm"[51].

[15] Es ist bemerkenswert, dass wenig oder gar nichts zum Thema "wie man zu seinem Broterwerb kommt", bisher geschrieben wurde: Darüber, wie man seinen Broterwerb nicht nur aufrichtig und ehrbar, sondern ganz und gar verlockend und glorreich gestalten kann; Denn wenn wenn man nicht auf diese Weise seinen Lebensunterhalt verdient, [aufrichtig und ehrbar,] dann ist auch das Leben nicht so. Wenn man sich die Literatur ansieht, könnte man meinen, dass diese Frage noch nie die Grübeleien eines Einzelnen gestört hat. Ist es so, dass die Menschen von ihren Erfahrungen zu sehr angewidert sind, um darüber zu sprechen? Wir neigen dazu, die

---

[51] Thoreau zitiert hier einen Text aus dem Hitopadesha (Kapitel 11, Fabel 1), einem indischer Text in Sanskrit, wahrscheinlich aus dem 12. Jahrhundert. Der Text ist ziemlich sinnfrei. So heißt es in der englischen Version von Wilkins (Wilkins 1885):
"[...] *though possessed of abundant wealth, seeing others his relations very rich, his resolution was that his own greatness should still be increased. They say,*
Greatness doth not approach him who is for ever looking down ; and all those who are looking high are growing poor. Again : Even a man who hath murdered a Brahman is respectable, if he hath abundant wealth.".
"[...] *obwohl er einen großen Reichtum besaß und sah, dass andere seiner Verwandten sehr reich waren, war sein Entschluss, seine eigene Größe noch zu vergrößern. Man sagt, Größe nähert sich nicht dem, der immer nach unten schaut; und alle, die hoch schauen, werden arm.*
Wiederum: Selbst ein Mann, der einen Brahmanen ermordet hat, ist respektabel, wenn er reichlich Reichtum hat."

Lektionen über den Wert des Geldes, die uns der Autor des Universums mit so viel Mühe beigebracht hat, ganz zu überspringen. Was die Mittel zum Leben anbelangt, so ist es wunderbar, wie gleichgültig die Menschen aller Klassen, sogar die sogenannten Reformer, darüber sind, ob sie sie[, die Mittel zum Leben,] erben, verdienen oder stehlen. Ich denke, dass die Gesellschaft in dieser Hinsicht nichts für uns getan hat, sie hat nicht einmal das, was sie getan hat, rückgängig gemacht[52]. Kälte und Hunger scheinen mehr zu meiner Wesensart zu passen, als die Methoden, die sich die Menschen angeeignet haben und zu denen sie raten, um Kälte und Hunger abzuwehren.

[16] Das Wort "weise" wird zum größten Teil falsch verwendet. Wie kann man ein weiser Mensch sein, wenn man nicht besser weiß, wie man lebt, als andere Menschen? - wenn man nur listiger und intellektuell subtiler ist? Funktioniert die Weisheit in einer Tretmühle? oder lehrt sie durch ihr Beispiel, wie man Erfolg hat? Gibt es so etwas wie Weisheit, die nicht auf das Leben angewandt wird? Ist sie nur der Müller, der die feinste Logik mahlt? Es ist angebracht zu fragen, ob Platon[53] seinen Lebensunterhalt besser oder erfolgreicher als seine Zeitgenossen verdient hat, - oder ist er den Schwierigkeiten des Lebens, genauso wie andere Menschen, auch erlegen? Oder schien er über einige von ihnen nur

---

[52] Wahrscheinlich im Sinne von: Die Gesellschaft hat nichts Gutes gebracht und das Schlechte in der Gesellschaft hat sie auch nicht abgeschafft.

[53] Ein griechischer Philosoph des Altertums.

durch Gleichgültigkeit zu siegen, oder durch die Annahme großartiger Allüren? oder fand er es leichter zu leben, weil seine Tante sich in ihrem Testament an ihn erinnerte? Die Art und Weise, wie die meisten Menschen ihren Lebensunterhalt verdienen, d.h. leben, ist nur ein Ausweichen und ein Sich-drücken vor dem wahren Leben, weil sie es nicht besser wissen, aber zum Teil auch, weil sie es nicht besser wollen.

[Der Goldrausch]

[17] Der Ansturm auf Kalifornien zum Beispiel und die Haltung, nicht nur von Händlern, sondern auch von Philosophen und Propheten, die in diesem Zusammenhang so genannt werden, spiegeln die größte Schande der Menschheit wider. Dass so viele bereit sind, vom Glück zu leben und die Mittel erhalten, die Arbeit anderer weniger Glücklicher zu befehlen, ohne irgendeinen Wert für die Gesellschaft beizutragen! Und das nennt man Unternehmertum! Ich kenne keine bestürzendere Entwicklung der Unmoral des Handels und aller gängigen Formen, seinen Lebensunterhalt zu verdienen. Die Philosophie und die Poesie und die Religion einer solchen Menschheit sind nicht den Staub eines Stäublings[54] wert. Das Schwein, das seinen Lebensunterhalt durch Wühlen verdient, indem es den

---

[54] Der Stäubling (*puffball*) ist ein Pilz (hier ist nicht der Bovist gemeint). Thoreau verwendet hier "*puff-ball*". Durch den Bindestrich wird der "*puffball*" auch zu einem Puff (Bordell) - Ball. Deshalb bedeutet der zweite Halbsatz auch: "*sind nicht den Staub eines Puffs wert.*"

Boden wie sie aufwühlt, würde sich für eine solche Gesellschaft schämen. Wenn ich über den Reichtum aller Welten verfügen könnte, indem ich den Finger hebe, würde ich dafür keinen solchen Preis bezahlen. Sogar Mohammed wusste, dass Gott diese Welt nicht im Scherz erschaffen hat[55]. Es[, die Goldgräberei,] macht Gott zu einem wohlhabenden Gentleman, der eine Handvoll Pfennige verstreut, um zu sehen, wie die Menschheit um sie kämpft. Die Tombola der Welt! Ein Broterwerb in der Natur ist eine Sache, die verlost werden muss! Was für ein Kommentar, was für eine Satire auf unsere Institutionen! Die Schlussfolgerung wird sein, dass sich die Menschheit an einen Baum hängen wird[56]. Und haben alle Gebote in allen Bibeln die Menschen nur dies gelehrt? und ist die letzte und bewundernswerteste Erfindung der Menschheit nur eine verbesserte Mistgabel?[57] Ist dies der Boden, auf dem sich Ori-

---

[55] Laut Cramer (Thoreau und Cramer 2013) könnte sich Thoreau af Sure 38:17 beziehen, wo es heißt: "*Und Wir haben den Himmel und die Erde und das, was dazwischen ist, nicht umsonst erschaffen. Das ist die Meinung derjenigen, die ungläubig sind. Doch wehe denjenigen, die ungläubig sind, vor dem (Höllen)feuer!*" (islam.de o. J.)

[56] Judas hat sich am Ende erhängt, nachdem er Jesus für ein paar Silberlinge verraten hatte.

[57] John Bunyans Buch "*The Pilgrim Progress*" (Bunyan 1917) war oder ist in der englischsprachigen Welt das bekannteste christliche Buch neben der Bibel. Zu Thoreaus Zeiten dürfte es jeder gekannt haben. Darin kommt ein Mann mit einer Mistgabel vor. Theodore Roosevelt beschreibt ihn in einer Rede (1906) wie folgt: "*In 'Pilgrim's Progress' wird der Mann mit der Mistgabel als Beispiel für jemanden angeführt, dessen Vision auf körperliche statt auf spirituelle Dinge*

entalen und Okzidentalen begegnen?[58] Hat Gott uns angewiesen, unseren Lebensunterhalt so zu bestreiten und dort zu graben, wo wir nie gepflanzt haben, und hat er uns vielleicht mit Goldklumpen belohnt?[59]

[18] Gott gab dem rechtschaffenen Menschen eine Urkunde, die ihn zu Nahrung und Kleidung berechtigte[60], aber der unrechtschaffene Mensch fand ein

---

gerichtet ist. Er verkörpert aber auch den Mann, der sich in diesem Leben konsequent weigert, etwas Erhabenes zu sehen, und seine Augen mit feierlicher Absicht nur auf das richtet, was gemein und erniedrigend ist." (Roosevelt 1906) In diesem Falle auf den Boden. In "The Pilgrim's Progress" wird ihm eine Krone angeboten, aber er kann sie nicht sehen, weil er seinen Kopf immer gebeugt hält und mit der Mistgabel in der Erde wühlt, wie es jetzt die Goldgräber tun. Die *"verbesserte Mistgabel"* ist also wahrscheinlich rein symbolisch zu verstehen.

58 Der Goldrausch lockte Menschen aus aller Welt herbei.

59 Bibel, Galater 6:7-8: "*Irrt euch nicht! Gott lässt sich nicht spotten. Denn was der Mensch sät, das wird er ernten. Wer auf sein Fleisch sät, der wird von dem Fleisch das Verderben ernten; wer aber auf den Geist sät, der wird von dem Geist das ewige Leben ernten.*" (bibeltext.com 2020)

60 Eventuell ein Bezug auf Matthäus 6:24-32: "*Ihr könnt nicht Gott dienen und dem Mammon. Darum sage ich euch: Sorget nicht für euer Leben, was ihr essen und trinken werdet, auch nicht für euren Leib, was ihr anziehen werdet. Ist nicht das Leben mehr denn Speise? und der Leib mehr denn die Kleidung? Sehet die Vögel unter dem Himmel an: sie säen nicht, sie ernten nicht, sie sammeln nicht in die Scheunen; und euer himmlischer Vater nährt sie doch. Seid ihr denn nicht viel mehr denn sie. [...] Darum sollt ihr nicht sorgen und sagen: Was werden wir essen, was werden wir trinken, womit werden wir uns kleiden? Nach solchem allem trachten die Heiden. Denn euer himmlischer Vater weiß, dass ihr des alles*

Faksimile davon in Gottes Schatzkammer, machte es sich zu eigen und erhielt Nahrung und Kleidung wie ersterer[, wie der rechtschaffene Mensch]. Es handelt sich um eines der umfangreichsten Fälschungssysteme, das die Welt je gesehen hat. Ich wusste nicht, dass die Menschheit an einem Mangel an Gold leidet. Ich habe ein wenig davon gesehen. Ich weiß, dass es sehr formbar ist, aber nicht so formbar wie der Verstand[61]. Ein Goldkorn vergoldet eine große Oberfläche, aber nicht so viel, wie ein Korn der Weisheit.

[19] Der Goldgräber in den Schluchten der Berge ist ebenso ein Spieler wie sein Gefährte in den Saloons von San Francisco. Welchen Unterschied macht es, ob man Schmutz schüttelt[62] oder Würfel schüttelt? Wenn man gewinnt, ist die Gesellschaft der Verlierer. Der Goldgräber ist der Feind des ehrlichen Arbeiters, egal welche Schecks und Vergütungen es gibt. Es reicht mir nicht aus, dass sie sagen, dass sie hart gearbeitet haben, um Ihr Gold zu bekommen. Der Teufel arbeitet auch hart. Der Weg der Übeltäter mag in vielerlei Hinsicht hart sein. Der einfachste Beobachter, der zu den Minen geht, sieht und sagt [zunächst], dass das Goldschür-

---

bedürfet. Trachtet am ersten nach dem Reich Gottes und nach seiner Gerechtigkeit" (bibeltext.com 2020)

[61] Original: "*wit*", was auch *Scharfsinnigkeit, Geist, Esprit* bedeuten kann.

[62] Die ausgegrabene Erde landet erst in Sieben, in denen die Erde gesiebt und dabei geschüttelt wird (in einem sogenannten "*Cradle*"). Auf Grund der unterschiedlichen Dichten, lagert sich das Gold beim Schütteln unten ab.

fen den Charakter einer Lotterie hat; das Gold, das so gewonnen wurde, ist nicht wie der Lohn ehrlicher Arbeit. Aber, praktischerweise, vergisst er, was er gesehen hat, sieht dann nur noch die Tatsache [dass man Gold verdienen kann], nicht aber [mehr] das Prinzip[63], und entschließt sich bei der Unternehmung mitzumachen[64], das heißt er kauft sich ein Ticket[65][, eine Berechtigung Gold zu schürfen], das sich häufig als eine andere Lotterie erweist, wobei dieser Umstand [für ihn] nicht [mehr] so offensichtlich ist.

---

[63] Etwas frei von mir übersetzt, um den Gedankengang besser zu verstehen. Im Original: "*But, practically, he forgets what he has seen, for he has seen only the fact, not the principle*" Da der betreffende Mensch zuvor ja das Prinzip erkannt hat, "*den Charakter einer Lotterie*", muss er das erst vergessen, um daran teilzunehmen und dann nicht mehr zu erkennen, dass er selbst an einer Lotterie teilnimmt. "*For*" wäre also etwa "*dafür*" und der Satz wäre dann: "*dafür hat er nur noch die Tatsache gesehen, nicht mehr das Prinzip.*"

[64] Original: "*Goes into trade*" = "*Ein Geschäft beginnen*" oder "*sich selbstständig machen*" oder "*ein Unternehmen gründen*" Man muss es frei übersetzen, denn wörtlich ist es "*in den Handel gehen*".

[65] Ich habe hier "*Ticket*" stehen lassen, um die Bedeutung vage zu halten. Ich vermute Thoreau meint hier mit "*Ticket*", dass sich jemand eine Genehmigung zum Goldsuchen kauft, also das Recht, auf einem bestimmten Grund und Boden nach Gold zu suchen, wobei er nicht glauben möchte, dass es auch in seinem Falle ein reines Glücksspiel ist.

[20] Nachdem ich eines Abends Howitts Bericht[66] über die australischen Goldgräbereien gelesen hatte, hatte ich die ganze Nacht über zahlreiche Täler mit Bächen vor meinen Augen, die alle mit fauligen Gruben durchschnitten sind, von zehn bis hundert Fuß[67] tief und ein halbes Dutzend Fuß breit, so dicht beieinander, wie man sie nur graben kann, und teilweise mit Wasser gefüllt, - einen Ort, zu dem die Menschen blindwütig eilen, um nach ihrem Glück zu suchen, - nicht sicher, wo sie den ersten Spatenstich machen sollen, - nicht wissend, dass das Gold unter ihrem Zeltlager selbst liegt; - manchmal graben sie einhundertsechzig Fuß[68] tief, bevor sie auf die Ader stoßen, oder sie verfehlen sie um einen Fuß, - in ihrem Durst nach Reichtum verwandeln sie sich in Dämonen, ohne Rücksicht auf die Rechte Anderer, - ganze Täler, dreißig Meilen lang[69], werden plötzlich durch die Gruben der Bergleute zu Honigwaben[70], so dass sogar Hunderte von ihnen

---

[66] William Howitt segelte 1852 nach Australien und veröffentlichte drei Berichte über seine Reise: "*A Boy's Adventures in the Wilds of Australia*" (1854), "*Land, Labour and Gold; or, Two Years in Victoria*" (1855) und "*Tallangetta, the Squatter's Home*" (1857). Der oben erwähnte Bericht ist der zweite, von 1855.

[67] Ein Fuß sind etwa 30 cm. Also 3 m bis 30 m tief und 1,8 m breit.

[68] Etwa 50 Meter. Howitt schreibt (S. 293): "*Das ist es, was das Gold hundertundsechzig Fuß tief begraben hat, und durch das die Schürfer nach ihm graben müssen.*" (Howitt 1855)

[69] Eine Meile sind etwas mehr als 1,6 km. 30 Meilen sind somit fast 50 km.

[70] Eingenlicht "*honey-combed*": Sie werden *honig-gewabt*. Honigwabe kann man im Deutschen leider nicht zu einem

verschlungen werden[71], - sie stehen im Wasser und sind mit Schlamm und Lehm bedeckt, arbeiten Tag und Nacht und sterben vor Belastung und an Krankheiten.[72]

[20a][73] Nachdem ich dies gelesen und teilweise wieder vergessen hatte, dachte ich, zufällig, an mein eigenes nicht befriedigendes Leben, in welchem ich tue, was andere tun[74]; und mit diesem Bild der Aus-

---

Tunwort machen.

[71] Im Original: "*drowned*". Übersetzt bedeutet es meist "*ertrinken*" aber auch "*übertönen*", "*ersticken*" etc. Ich vermute, dass Thoreau das Bild vor Augen hatte, dass diese Wabe sie verschlingt, dass sie darin verschwinden und eventuell nicht wieder hervorkommen. Die Gier ertränkt sie, quasi. Der Satzanfang "*so dass*" zeigt, dass dies aus der honigwaben-artigen Gestalt folgt - und an einer Honigwabe ertrinkt man normalerweise nicht. Deshalb habe ich die Bedeutung "*ertrinken*" ausgeschlossen und mich für diese Deutung entschieden.

[72] Howitt schreibt (s. 294): "*nur vierundzwanzig Fuß Platz sind für jede Partei erlaubt, so dass die Dreckhaufen und Wasserpfützen so dicht beieinander wie möglich sind; und nichts kann erstaunlicher sein, als der Anblick von Hunderten von Männern die hin und her eilen, alle eifrig, alle in Eile, arbeiten sie darauf los, bis zu den Hüften inmitten von Schlamm und Pfützen dick wie Teig für einen Pudding, stehend; Wannen, Cradles, Winden und Wee-gees [kleine Perde?] [...] - alles in Bewegung - ein vollkommen verwirrendes Fantasiegebilde von ungestümer Aktion und von Schlamm. Alles war Trubel und Aktivität; denn dies sind die großen Lotterien der Victoria-Goldsuche.*" (Howitt 1855)

[73] Absatz nicht im Original. Ich habe ihn gemacht, weil es mir so sinnvoller erschien.

[74] Thoreau spricht von "*of my own unsatisfactory life, doing as others do*" Dass sein Leben unbefriedigend sein soll und er tut, was andere tun, halte ich für nicht sehr wahrscheinlich. Ich nehme an, er möchte, dass sich seine Leser angesprochen

grabungen vor mir, fragte ich mich, warum ich nicht täglich etwas Gold wasche, auch wenn es nur die feinsten Partikel wären[, die ich fände], - warum ich nicht einen Schacht hinunter bis zum Gold *in mir* grabe und diese Mine bearbeite. Dort gibt es ein Ballarat [für mich], ein Bendigo für dich[75], - was wäre es, wenn es ein Sulky-Gully[76] wäre? Jedenfalls könnte ich einen Weg einschlagen, wie einsam und eng und krumm er auch sein mag, auf dem ich mit Liebe und Ehrfurcht gehen könnte. Wo immer sich ein Mensch von der Menge trennt und in dieser Anwandlung seinen eigenen Weg geht, gibt es in der Tat eine Weggabelung, auch wenn der gewöhnliche Reisende vielleicht nur eine Lücke im Latten-

---

fühlen, an ihr eigenes Leben denken, mit dem sie nicht zufrieden sind und das sie so leben, wie andere auch.

[75] Ballarat und Bendigo sind Goldgräberstädte in Australien. Im Original: "*There is a Ballarat, a Bendigo for you*" Dieses "*for you*" hat mir etwas Kopfzerbrechen gemacht. Es ergibt keinen Sinn, es sei denn, so mein Gedanke, wenn er sagen möchte: "*ich finde in mir ein Ballarat, ihr findet in euch vielleicht ein Bendigo*". Deshalb habe ich mich für die Ergänzung "*für mich*" entschieden.

[76] Sulky Gully ist eine Gegend in der Nähe von Ballarat, in welcher das erste australische Gold entdeckt wurde.

zaun[77] sieht. Sein einsamer Weg querfeldein[78] wird
sich als der zu höherem führendere Weg[79] der beiden herausstellen.

[Das Gold der Heimat]

[21] Die Menschen eilen nach Kalifornien und Australien, als wäre das wahre Gold in dieser Richtung
zu finden; aber das bedeutet, in genau entgegenge-
setzt der Richtung zu gehen, in der das Gold eigent-

---

[77] Im Original: "*a gap in the paling*". "*A paling with gap*" ist ein
normaler Lattenzaun und das "*gap*" gibt den Abstand der Latten an. Das englische Wort "*paling*" kann man auch mit
"*Umpfählung*" übersetzen. Das, was wir im Deutschen "*Latten*" nennen, sind also in der ursprünglicheren Bedeutung
Pfähle. Früher machte man Lattenzäune aus herumliegenden
Ästen, die man zu Lattenzäunen zusammenband. Oder man
steckte sie nebeneinander in den Boden, wie Pfähle, und ver-
band sie dann. So dass die "*Latten*" kleinen Bäumen ähnlich
sind, die nebeneinander stehen. Da Thoreau Waldspazier-
gänge liebt, ist eine Abzweigung für ihn auch eine Lücke
zwischen den Bäumen.

[78] Thoreau schreibt "*His solitary path across-lots*" und möchte
damit wahrscheinlich auf das Buch "*Across Lots*" (1888) von
Horace Lunt ansprechen (Lunt 1888). Ein Buch, in welchem
Horace Lunt über seine Wanderungen durch Wälder, über
Felder und Wiesen schreibt.

[79] Im Original "*will turn out the higher way of the two*". Thoreau meint hier mit "*higher*", höher im Sinne von "*zu höherem Leben führend*", bzw. "*zu einem anständigeren Leben
führend*". Auch hier wieder die Parallele zu seinem Leben.
Thoreau hält das Wandern für etwas, das einem mehr Lebens-
freude und mehr Sinn gibt, als das Arbeiten von morgens bis
abends. Jeder sollte dabei seinen eigenen Weg wählen.
Horace Lunts (siehe Fußnote zuvor, zum ersten Teil des Satzes) und Henry David Thoreau vertreten hier ähnliche
Ansichten.

lich liegt. Während sie schürfen, kommen sie weiter und weiter weg von der wahren [Gold-] Ader[80] und sind höchst unglücklich, wenn sie sich selbst für am erfolgreichsten halten. Ist unser Heimatboden nicht goldhaltig?[81] Fließt nicht ein Strom aus den goldenen Bergen[82] durch unser heimatliches Tal? und hat dieser nicht schon seit mehreren geologischen Zeitaltern die glänzenden Partikel herabgetragen und die goldenen Klumpen[83] für uns geformt? Doch seltsamerweise, wenn ein Goldgräber sich heimlich davonschleicht, auf der Suche nach dem wahren Gold, in die unerforschte Einsamkeit um uns, besteht keine Gefahr, dass jemand seine Schritte verfolgt und sich bemüht, ihn zu verdrängen. Er kann sogar das ganze Tal beanspruchen und untergraben, sowohl den kultivierten als auch den nicht

---

80 Thoreau verwendet hier "*true lead*". Ein "*true lead*" ist ein "*gebohrener Führer*" oder "*wahrer Anführer*". Gleichzeitig bedeutet "*lead*" aber auch Blei oder Ader (darauf weist Cramer (Thoreau und Cramer 2013) hin). Es ist also die "*richtige Führung*" oder die "*richtige Ader*" von der sie sich entfernen. Das Zweite halte ich im obigen Zusammenhang für besser.

81 Cramer (Thoreau und Cramer 2013) meint, das von Thoreau verwendete "*auriferous*" wäre im Sinne von "*Gold hervorbringend*" gemeint. Wahrscheinlich geht es Thoreau darum, dass das Land wichtige Lebensmittel hervorbringt.

82 Die Blätter der Ahornbäume in New England sind berühmt für ihre spektakulären Farben, wenn sie im Herbst gelb und rot werden. Dann werden manche Berge goldene Berge.

83 Eigentlich "*nuggets*". "*Nuggets*" sind einfach nur "*Klumpen*", übersetzt, doch geht es auch um die Assoziation, da man das Wort "*Nuggets*" - wohl auch im Amerikanischen - mit Gold in Verbindung bringt. Deshalb habe ich es hier etwas freier übersetzt.

kultivierten Teil, sein ganzes Leben lang in Frieden, denn niemand wird sein Anrecht[84] jemals bestreiten. Sie werden sich weder um seine Cradle[85] noch um seine Toms[86] kümmern. Er ist nicht, wie in Ballarat, auf einen zwölf Fuß im Quadrat großen Fleck[87] beschränkt, sondern er kann überall graben[88] und die ganze weite Welt in seinem Tom waschen.

[Der Teufelskerl]

[22] Howitt sagt über den Mann, der bei den Ausgrabungen von Bendigo in Australien das achtundzwanzig Pfund schwere Nugget fand: "Er begann bald zu trinken, nahm sich ein Pferd und ritt in meist vollem Galopp umher und schrie Menschen an, die er traf, um sie zu fragen, ob sie wüssten, wer

---

[84] Im Original: "*claim*" Ein "*Claim*" ist eine Fläche, ein kleines Grundstück, für das man das Anrecht kauft, darauf nach Gold zu suchen. Doch kauft man nicht das Land, sondern nur das Recht dort nach Gold zu suchen, das Land selbst gehört einem nicht, bzw. bleibt im Besitz der Regierung.

[85] Eine *Cradle* ist eine Apparatur, die Goldsucher verwenden, um Gold von Sand und Kies zu trennen. Sie heißt "*cradle*", weil sie wie eine Wippe oder Wiege hin und her schaukelt. Siehe auch Fußnote 62 auf Seite 35.

[86] Auch *Toms* (*Long Toms*) werden beim Goldsuchen benötigt. Es sind lange Rinnen aus Holz mit kleinen Hindernissen, über welche Wasser und Erde fließen und dabei den Sand und Steine vom Gold trennen.

[87] Im Original "*claim*". Siehe Fußnote 84

[88] Im Original: "[to] *mine*". Das ist ein Verb, das man nicht übersetzen kann. Das Hauptwort ist auf Deutsch "*Mine*" und das Verb wäre dann (auf Deutsch, was es jedoch nicht gibt) "*minen*". Deshalb habe ich mich für "*graben*" entschieden.

er sei, und teilte ihnen dann freundlicherweise mit, dass er 'widerliche Halunke' wäre, der das Nugget gefunden habe. Schließlich ritt er mit voller Wucht gegen einen Baum und hätte fast sein Gehirn am Baum zertrümmert." Ich glaube jedoch, dass diese Gefahr nicht bestand, denn er hatte sein Gehirn bereits bei den Nuggets gelassen.[89] Howitt fügt hinzu: "Er ist ein hoffnungslos ruinierter Mann". Aber er ist typisch für seine Klasse. Sie sind alle schnelllebige Menschen[90]. Hören Sie sich einige der Namen der Orte an, an denen sie graben: "Jackass Flat", "Sheep's-Head Gully", "Murderer's Bar"[91] usw. Enthalten diese Namen keine Satire? Sollen sie ihren unrechtmäßig erworbenen Reichtum tragen, wohin sie wollen, ich denke, es wird immer noch "Jackass Flat", wenn nicht sogar "Murderer's Bar" sein, wo sie leben.

---

[89] Hier musste ich mir etwas ausdenken. Der Goldgräber reitet gegen einen Baum "*and nearly knocked his brains out.*" Doch Thoreau meint: "*he had already knocked his brains out against the nugget.*" Um diese Wiederholung in beiden Sätzen zu haben, und um das Deutsche nicht allzu sehr zu quälen, habe ich mich entschlossen es sehr frei wiederzugeben.

[90] Leider kann man auch hier das Original "*fast men*" nicht übersetzen, weil es ein Wortspiel ist. "*Fast*" bedeutet einerseits *schnell*, womit sich Thoreau auf das schnelle Reiten zuvor bezieht, bezeichnet aber auch *jemanden, dessen moralische Standards sich häufig ändern* oder *jemanden, der eine eher lockere Moral hat*. Ich habe versucht mit *schnelllebig* dieses Wortspiel etwas zu retten.

[91] Trottel-Hütte, Schafs-Kopf Gully, Mörder-Bar

[Die Plünderung der Friedhöfe]

[23] Das letzte, in das wir unsere Energie steckten[92], war die Ausraubung von Friedhöfen auf dem Isthmus von Darien[93], ein Unternehmen, das noch in den Kinderschuhen zu stecken scheint; denn laut späten Berichten ist ein Gesetz in zweiter Lesung in der Legislative von New Granada[94] verabschiedet worden, das diese Art der Goldgräberei[95] regelt; und

---

[92] Im Original: "*The last resource of our energy*", was wörtlich "*die letzte Quelle unserer Energie*" ist. Wobei "*energy*" auch "*Tatkraft*" bedeutet

[93] Der Isthmus von Darien ist die Landbrücke zwischen Süd und Nordamerika, wo sie am schmalsten ist. Heute heißt er Isthmus von Panama. Ursprünglich wollte man an dieser Stelle einen Kanal bauen, scheiterte jedoch. In der Zeit des Goldrausches war es eine wichtige Landbrücke, die man nur zu Fuß durchschreiten konnte.
Der Isthmus von Darien wird auch "*das Grab der Völker*" genannt, weil dort schon viele Menschen beim Versuch einer Besiedelung oder Erforschung umgekommen sind. Besonders tragisch war die Besiedelung durch Schotten, die dort "*New Caladonia*" gründen wollten. Da der schottische Staat dies finanzierte, war er, nachdem fast alle Siedler ums Leben gekommen waren (um 1700), nahezu bankrott.
Welche Gräber dort zur Zeit Thoreaus ausgeraubt wurden, ist mir nicht bekannt, doch könnten es eben diese alten Siedlungen sein.

[94] Das heutige Panama. Der Isthmus von Darien gehörte zur Zeit Thoreaus zur "Republik New Granada", das das heutige Panama und Kolumbien umfasste (und Teile der Nachbarländer) mit der Hauptstadt Bogota.

[95] Im Original: "*mining*". Thoreau bezieht sich hier auf die Goldminen in vorherigen Abschnitten, wo gleichfalls ein "*mining*" betrieben wird. Doch würde durch eine korrekte Übersetzung (z.B. "*Bergbau*") der Zusammenhang verlorengehen, weil der Bezug zur Goldmine nicht mehr enthalten ist.

ein Korrespondent der "Tribune" schreibt: "In der Trockenzeit, wenn das Wetter es zulässt, dass das Land richtig erkundet wird, werden zweifellos andere reiche 'Guacas' [d.h. Friedhöfe] gefunden werden." Zu den Auswanderern sagt er: "Kommen Sie nicht vor Dezember; nehmen Sie lieber die Isthmus-Route als die von Boca del Toro[96]; bringen Sie kein nutzloses Gepäck mit und belasten Sie sich nicht mit einem Zelt; aber ein gutes Paar Decken werden notwendig sein; eine Spitzhacke, Schaufel und eine Axt aus gutem Material wird fast alles sein, was sie brauchen." Ratschläge, die man vielleicht dem "Burker's Guide"[97] entnommen hat. Und er beendet mit dieser Zeile in Kursivschrift und Kapitälchen seinen Text: "Wenn es Ihnen zu Hause gut geht, bleiben Sie dort", was fairerweise so interpretiert werden kann, dass es heißt: "Wenn es Ihnen gut geht, indem Sie Friedhöfe zu Hause ausrauben, bleiben Sie dort".

---

[96] Bocas del Toro ist eine Provinz in Panama, nördlich des Isthmus von Darien

[97] Thoreau spielt hier auf die "*Burkers*" an. Wiliam Burke und William Hare ermordeten 16 Menschen in Edinburgh, um ihre Leichen an Medizinstudenten für Anatomie-Studien zu verkaufen. Der Gerichtsprozess ging als "*Burke's Trial*" in die Geschichte ein, da nur Burke verurteilt wurde, Hare wurde freigesprochen, weil er einen Deal mit der Polizei hatte. Seit dem werden Menschen, die Leichen ausgraben und sie an Medizinstudenten verkaufen, als "*Burkers*" bezeichnet.

[24] Aber warum sich wegen eines Textes aufregen?[98] Sie[, meine Aufregung,][99] ist ein Kind Neuenglands, aufgewachsen in ihrer eigenen Schule und Kirche.

[Morallehrer und Bigotterie]

[25] Es ist bemerkenswert, dass es unter all den Predigern so wenige Morallehrer gibt. Die Propheten sind damit beschäftigt, die Wege der Menschen zu entschuldigen. Die meisten ehrwürdigen Senioren[100], die Illuminaten des Alters[101], sagen mir mit einem gütigen nostalgischen Lächeln, zwischen

---

[98] Im Original: "*But why go to California for a text?*" "*Go (to) California*" wird verwendet, wenn sich jemand über etwas ärgert, im Sinne von: "*Nerv nicht so, ist doch bloß ein Text!*"

[99] Ich habe keine Idee, worauf sich dieses "*Sie*" bezieht (Thoreau schreibt tatsächlich "*she*"). Es könnte der Ärger sein, den er verspürt, also dieses "*go to California*" (siehe Fußnote zuvor, Nummer 98), weshalb ich es entsprechend ergänzt habe. Etwas anderes macht meines Erachtens keinen Sinn. Thoreau verwendet Personalpronomen anders, als im Schulenglisch.

[100] Dies (im Original: "*Most reverend seniors*") ist ein Zitat aus Shakespeares Othello (I iii 88): "*Most potent, grave, and reverend signiors*" (Shakespeare und Weller o. J.). Diese "Senioren" intrigieren gegen Othello und verbreiten Lügen, was letzten Endes zum Tode von Othello und seiner Geliebten Desdemona führt.

[101] Im Original: "*the illuminati of the age*". Die Illuminaten sind "*Die Erleuchteten*" und "*age*" könnte auch für "*Zeitalter*" stehen. Da er zuvor jedoch "*seniors*" (Senioren) schreibt, habe ich mich für diese Übersetzung entschieden. Ich glaube nicht, dass er den Orden der Illuminaten hier ansprechen möchte und wenn, dann nur um sich über sie lustig zu machen.

einem Erstreben und einem Erschauern, ich solle in diesen Dingen nicht zu empfindlich sein, und nicht alles auf eine Goldwaage legen[102]. Der beste Rat, den ich zu diesen Themen gehört habe, war kriecherisch. Der Inhalt war [zumeist] - es ist deine Zeit nicht wert, zu versuchen, in diesem speziellen Fall die Welt zu reformieren. Frage dich nicht, welche Seite des Brotes die bessere für dich ist[103], es wird dich krank machen, wenn du es tust, - und dergleichen. Ein Mensch sollte lieber sofort verhungern, als seine Unschuld durch seinen Broterwerb[104] zu verlieren. Wenn in einem gebildeten Menschen nicht auch ein ungebildeter[105] steckt, dann ist er nur

---

[102] Eigentlich: "*to lump all that, that is, make a lump of gold of it.*" Wörtlich: "*Alles zu verklumpen und einen Klumpen Gold daraus machen.*" Da man ihm vorwirft, empfindlich zu sein und versucht abzuwiegeln, erscheint mir meine Interpretation (siehe Text) am sinnvollsten. Zumal ich so auch das Wortspiel mit "*Gold*" ein wenig rette.

[103] Hierfür gibt es leider keine deutsche Übersetzung: "*Do not ask how your bread is buttered*". Der Satz bezieht sich auf die Frage: "*to know what side your bread is buttered on*", also übersetzt: "*zu wissen auf welcher Seite dein Brot gebuttert ist.*" Im Englischen ist dies eine Redewendung, die einen Konflikt darstellen soll. Es geht darum, zu wissen, auf welcher Seite eines Konfliktes (= die Brotscheibe) man stehen sollte, um das Beste (= die Butter) zu bekommen.

[104] Im Original: "*in the process of getting his bread*", etwa "*während des Vorganges des Broterwerbs*"

[105] Thoreau verwendet hier "*sophisticated*" und "*unsophisticated*", wofür es viele Übersetzungsvariationen gibt. "*Sophisticated*" ist etwas mehr, als nur gebildet, fast schon abgeklärt. Doch "gebildet - ungebildet" erscheint mir als Wortpaar richtig. Es drückt aus, dass man viel weiß, sich aber auch bewusst ist, dass man nicht alles weiß - und dies schützt einen vor

einer der Engel des Teufels[106]. Je älter wir werden, desto unfeiner leben wir, wir achten weniger auf Anstand und hören bis zu einem gewissen Grad auf, unseren feinsten Instinkten zu gehorchen. Aber wir sollten den höchsten Anspruch an die geistige Gesundheit haben und die Stichelei derer missachten, die unglücklicher sind als wir.

[26] Selbst in unserer Wissenschaft und Philosophie gibt es im Allgemeinen keine wahre und absolute Darstellung der Dinge. Der Geist der Sekte und der Bigotterie hat seinen Huf[107] inmitten der Sterne[108] gesetzt. Man braucht nur über das Problem, ob die Sterne bewohnt sind oder nicht, zu diskutieren[109],

---

Überheblichkeit oder dem Glauben, alles zu wissen und alles richtig zu machen, was ja nicht selten ins Verderben führt.

[106] Der Teufel und seine Engel werden in Matthäus 25:41-43 erwähnt und beschrieben: "*Dann wird er auch sagen zu denen zur Linken: Gehet hin von mir, ihr Verfluchten, in das ewige Feuer, das bereitet ist dem Teufel und seinen Engeln! Ich bin hungrig gewesen, und ihr habt mich nicht gespeist. Ich bin durstig gewesen, und ihr habt mich nicht getränkt. Ich bin ein Gast gewesen, und ihr habt mich nicht beherbergt. Ich bin nackt gewesen, und ihr habt mich nicht bekleidet. Ich bin krank und gefangen gewesen, und ihr habt mich nicht besucht.*" (bibeltext.com 2020)

[107] Der Teufel hat in vielen Darstellungen einen Huf.

[108] Ich nehme einmal an, dass er mit "*Sterne*" die Sterne der amerikanischen Fahne meint (dadurch würde auch der Satz über Dr. Kane und Franklin gut passen), wie auch die Sterne am Himmel.

[109] Wenn Henry David Thoreau mit den *Sternen* (siehe Fußnote zuvor) auch die Vereinigten Staaten meint, dann ist "*das Problem, ob die Sterne bewohnt sind oder nicht*" die Frage nach dem Recht auf Besiedelung weiteren Landes. Ist das Land besiedelt und gehört den Indianern, oder ist es unbesiedelt,

um es zu entdecken. Warum müssen wir sowohl den Himmel als auch die Erde besudeln? Es war eine unglückliche Entdeckung, dass Dr. Kane[110] ein Freimaurer war, und dass Sir John Franklin[111] ein anderer war. Aber es war eine herzlosere[112] Vermutung, dass dies möglicherweise der Grund dafür war, dass Ersterer sich auf die Suche nach Letzterem machte[113]. Es gibt keine populäre Zeitschrift in diesem Land, die es wagen würde, die Gedanken eines Kindes zu wichtigen Themen kommentarlos zu drucken. Sie muss dem D.D.s.[114] vorgelegt werden. Ich würde sagen, den Küken-Daddys[115]

---

gehört den Indianern nicht und die Europäer können sich ungefragt das Land aneignen?

[110] Hier ist Elisha Kent Kane (1820 – 1857) gemeint. Er war Forscher, Entdecker und Arzt, der vor allem für seine Expeditionen an den Nordpol berühmt wurde. Er unternahm mehrere, um John Franklin zu retten.

[111] John Franklin war Polarforscher und unter anderem stellvertretender Gouverneur von Van-Diemens-Land (Tasmanien).

[112] Im Original: "cruel" = *grausam, herzlos, gemein, gefühllos*

[113] 1853 bis 1855 leitete Dr. Kane mehrere Expeditionen um den in der Arktis verschollenen John Franklin zu finden - ergebnislos.

[114] Cramer (Thoreau und Cramer 2013) nimmt an, Thoreau meine einen "*Doctor of Divinity*", also jemanden, der Theologie studiert hat.

[115] Im Original: "*Chickadee-dee*". Eine "*chickadee*" ist eine Meise (Vogel). Und der *Chickadee-dee* ist der Ruf der Meise, der etwa klingt, wie das englische *chicka-dee-dee*. Das kann man hier nur schwer übersetzen. In "*chickadee-dee*" steckt aber auch "*chick -a-dee-dee*". "*Chicken*" bedeutet *Küken*. Deshalb sind es die "*Küken-D.D.s*". Mit "*Küken-Daddys*" habe ich versucht das Wortspiel einigermaßen ins Deutsche hinüber zu retten.

[27] Man kommt von der Beerdigung der Menschheit, um bei einem Naturphänomen dabei zu sein[116]. Ein wenig Nachdenken ist der Totengräber für die ganze Welt.[117]

Der ganze Absatz macht irgendwie wenig Sinn. Ich frage mich, ob Thoreau einen Zusammenhang der Sätze feststellen konnte.

[116] Im Original: "*You come from attending the funeral of mankind to attend to a natural phenomenon.*" "*To attend*" bedeutet auch *gegenwärtig sein, anwesend sein, beachten.*
Dieser Satz findet sich in seinem Tagebuch am 10. November 1851. Und weiter schreibt er:
"*Die so viel größere Bedeutung jeder Tatsache - von Sonne und Mond und Sternen [...] Geräusche, die über die Grenzen der Zeit hinweg geweht werden*"
Ich vermute, dass er den Zustand unserer Gesellschaft als "*Beerdigung der Menschheit*" beschreibt, der er beiwohnte, doch nun befindet er sich auf dem Weg in die Natur und lässt sie hinter sich.
Auch wird der Isthmus von Darien als "*Grab der Menschheit*" bezeichnet. Doch kann diese Doppeldeutigkeit Zufall sein.

[117] Im Original: "*sexton*". Ein "*sexton*" (auch *burying beetle*) ist eine Käferart, genannt "*Totengräber*", aber auch ein "*Küster*" oder "*Kirchendiener*", "*Messner*", je nach Land. Der Küster ist für die Verwaltung und Organisation des kirchlichen Geschehens in einer Gemeinde verantwortlich, ist aber auch der Totengräber.
In sein Tagebuch schreibt Henry David Thoreau am 4. Mai 1852 (Thoreau 1906): "*Of what significance are the things you can forget. A little thought is sexton to all the world.*"
"*Wie wichtig sind die Dinge, die man vergessen kann. Ein kleiner Gedanke ist der Totengräber für die ganze Welt*".
Ich nehme an, dass er sagen möchte, dass wir durch das Ver-

[Echte Menschen sind schwer zu finden]

[28] Ich selbst kenne kaum intellektuelle Menschen, die so offen und wahrhaft liberal sind, dass man in ihrer Gesellschaft laut denken kann.[118] Wenn man sich bemüht mit ihnen zu sprechen, kommt es meist dazu, dass man [irgendwann] gegen irgendeine Institution etwas sagt, von der sie Aktien haben - wodurch ihre Sicht der Dinge eingeschränkt wird. Sie werden ständig ihr eigenes niedriges Dach mit seinem schmalen Oberlicht zwischen sich und den Himmel schieben, damit sie nicht den freien Himmel betrachten müssen. Gehen Sie weg mit ihren Spinnereien, werden sie wieder klar im Kopf, sage ich![119] In einigen Lyzeen erzählt man mir, dass man für den Ausschluss des Themas Religion gestimmt hat. Aber woher weiß ich, was für sie Religion ist

---

gessen auch nur eines kleinen Gedankens, die Welt vergessen können. Ähnliches könnte der Satz zuvor bedeuten: Wenn wir die Gesellschaft - und damit die Beerdigung der Menschheit - hinter uns lassen, erkennen wir, wie großartig die Natur ist, erkennen wir, was eigentlich Bewunderung verdient.

[118] Im Original ist alles in der Einzahl. Die Mehrzahl verwende ich, damit kein logischer Bruch mit dem nächsten Satz entsteht.

[119] Im Original: *"Get out of the way with your cobwebs, wash your windows, I say!"* Im Englischen bedeutet *"clear your cobwebs"* oder auch *"blow away the cobwebs"*, dass man Gefühle von Verwirrung oder Unklarheit loswerden soll, im Sinne von *"Bekomme mal wieder einen klaren Kopf!"* Im Zusammenhang mit Fußnoten 116 & 117 könnte dies eine Weiterführung des Gedankens sein. Man sollte seine Gedanken vergessen, sie begraben (wie der Totengräber), oder die "Beerdigung der Menschheit" verlassen (sich nicht am Übel beteiligen), um wieder klar im Kopf zu werden.

und wann ich ihr nahe komme oder fern bin? Ich bin in eine solche Arena hineingegangen und habe mein Bestes getan, offen über die Religion zu sprechen, die ich verspürte, und das Publikum hat nie vermutet, worum es ging. Der Vortrag war für sie so harmlos wie Mondschein. Hätte ich ihnen dagegen die Biografie der größten Schurken der Geschichte vorgelesen, hätten sie vielleicht gedacht, ich würde das Leben der Diakone ihrer Kirche beschreiben. Gewöhnlich lautet die Frage [an mich]: Woher kommen Sie? oder Wohin gehen Sie? Es gab eine sachbezogenere Frage, die ich zufällig hörte, als einer meiner Zuhörer einem anderen die Frage stellte: "Wozu hält er eine Vorlesung?" Das hat mich in meinen Schuhen beben lassen.

[29] Um unvoreingenommen zu sprechen: Die besten Menschen, die ich kenne, sind nicht ausgeglichen, [k]eine Welt an sich[120]. Meistens verweilen sie

---

[120] Thoreau schreibt "*a world in themselves*". Da im Teilsatz zuvor ein "not" steht, könnte sich dieses auch auf diesen Teil beziehen, wie in einer Aufzählung. Zum Beispiel: *"Ich bin nicht müde, schläfrig oder sonst etwas"*. Deshalb habe ich mich für das "*k*" in der Klammer *([k]ein)* entschieden, um beide Möglichkeiten abzubilden. Es gibt dadurch zwei Bedeutungsmöglichkeiten:
Erstens (mit "*not*"): Mit "*a world in themselves*" könnte Thoreau hier auf Immanuel Kant anspielen, auf "*thing-in-itself*", dem "*Ding an sich*". Das "*Ding an sich*" ist die Wesenheit, die unverändert bleibt, unabhängig des Blickwinkels. Da die Menschen aber leicht beeinflussbar sind, sind sie ganz die Außenwelt und "[not] *a world in themselves*".
Zweitens: (ohne "*not*"): Es könnte so gemeint sein, dass sie *"eine Welt für sich selbst sind"*, eine Welt, die nichts mit der Welt Thoreaus zu tun hat.

in Formalien, umschmeicheln und beobachten nur genauer als der Rest. Wir wählen Granit für die Untermauerung unserer Häuser und Scheunen; wir bauen Zäune aus Stein; aber wir selbst ruhen uns nicht auf einem Unterbau aus granitischer Wahrheit, dem untersten primitivsten Felsen, aus. Unsere Fensterbänke sind verrottet. Aus welchem Stoff ist der Mensch gemacht[, dem wir täglich begegnen], der [dennoch] in unserem Denken nicht mit der reinsten und subtilsten Wahrheit koexistiert? Ich werfe meinen besten Bekannten oft eine ungeheure Oberflächlichkeit vor; jedoch, obwohl es Manieren und Höflichkeiten gibt, die wir [dann doch] nicht antreffen, lehren wir einander nicht die Lektionen der Ehrlichkeit und Aufrichtigkeit der unverfälschten Natur[121], oder der Standhaftigkeit und Festigkeit der Felsen. Das Verschulden[, dass dies nicht geschieht,] beruht jedoch in der Regel auf Gegenseitigkeit, denn wir verlangen gewöhnlich nicht mehr voneinander [als bloße Höflichkeiten und Manieren].

---

[121] Im Original: "*the lessons of honesty and sincerity that the brutes do*". Ich denke, dass Thoreau hier die Ehrlichkeit und Aufrichtigkeit des rohen ("*brutes*") meint, im Sinne von unverändert, naturbelassen, etc.

[Oberflächlichkeit unserer Gesellschaft]

[30] Diese Aufregung um Kossuth[122], man bedenke, wie charakteristisch, aber oberflächlich, sie war! nur eine andere Art von Politik oder Tanz. Überall im Land hielten Menschen Reden über ihn, aber jeder von ihnen drückte nur die Gedanken oder Wünsche der Menge aus. Kein Mensch stand auf Wahrheit. Sie waren sich lediglich, wie üblich, einig, stützten sich [in ihren Ansichten] auf andere und alle zusammen auf nichts; so wie die Hindus die Welt sich auf einen Elefanten, den Elefanten auf eine Schildkröte und die Schildkröte auf eine Schlange stützen lassen und die Schlange stützt sich auf nichts.[123] Für alle Früchte dieser Aufregung haben wir den Kossuth-Hut.[124]

---

[122] Wikipedia: *"Lajos Kossuth [...] war Rechtsanwalt, Politiker und in den Jahren 1848/49 einer der Anführer der Ungarischen Unabhängigkeitsbewegung gegen Österreich. Auch nach der Niederschlagung der Revolution setzte er sich im Exil bis zu seinem Tode für die Unabhängigkeit Ungarns vom Kaisertum Österreich [...] ein. Bis in die Gegenwart gilt Kossuth als ungarischer Nationalheld."* (Wikipedia 2020a)

[123] Das ist nicht ganz richtig. Die Schildkröte (der Gott Vishnu) steht im Milchozean, auf ihr stehen vier Elefanten, die wiederum die Welt tragen. Der Milchozean entstand durch das Quirlen einer Schlange (Shesha), sie ist aber auch eine Dienerin Vishnus und ruht im Milchozean. In anderen Darstellungen ist sie die Trägerin des Universums. Der Name Shesha bedeutet auch *"Was bleibt, wenn alles andere nicht mehr existiert"*.

[124] Einen Hut kann man herumgehen lassen und darin die Früchte sammeln, oder man kann ihn sich aufsetzen und damit sein Thema auf Kossuth beziehen.

[31] Größtenteils ist unser gewöhnliches Gespräch bedeutungslos und sinnlos. Oberfläche trifft Oberfläche. Wenn unser Leben aufhört, innerlich und privat zu sein, verkommt das Gespräch zu bloßem Klatsch und Tratsch. Selten begegnen wir einem Menschen, der uns Neuigkeiten mitteilen kann, die er nicht in der Zeitung gelesen oder von seinem Nachbarn erfahren hat; und der einzige Unterschied zwischen uns und unserem Mitmenschen besteht zumeist darin, dass er die Zeitung gelesen hat oder zum Tee eingeladen war und wir nicht. In dem Maße, in dem unser inneres Leben versiegt, gehen wir beständiger und verzweifelter zur Post. Sie können sich darauf verlassen, dass der arme Kerl, der die meisten Briefe mit sich führt und stolz auf seine umfangreiche Korrespondenz ist, sehr lange nichts mehr von sich selbst gehört hat.

[Neuigkeiten und Belanglosigkeiten]

[32] Ich verstehe es nicht, aber es ist zu viel, eine Zeitung pro Woche zu lesen. Ich habe es kürzlich versucht, und hatte dadurch den Eindruck, dass ich [auf Grund des Zeitungslesens] lange nicht in meiner Heimatregion verweilt bin. Die Sonne, die Wolken, der Schnee, die Bäume sagen mir [wenn ich so lange weg bin] nicht [mehr] so viel. Man kann nicht

zwei Herren dienen[125]. Es erfordert mehr als einen Tag Hingabe, um die Fülle eines Tages zu kennen und zu besitzen.

[33] Vielleicht schämen wir uns, zu erzählen, was wir den Tag über gelesen oder gehört haben. Ich weiß nicht, warum meine Neuigkeiten so trivial sein sollten, [dass es sich nicht lohnt, sie zu erzählen] – wenn man bedenkt, welche Träume und Erwartungen man hat, [ich weiß nicht,] warum das, was daraus entsteht so dürftig sein sollte [dass sich ein Gespräch darüber nicht lohnt]. Die Neuigkeiten, die wir hören, sind zum größten Teil keine Neuigkeiten, die unsere Intelligenz erfordern. Sie sind die abgestandensten Wiederholungen. Man ist oft versucht zu fragen, warum eine bestimmte Erfahrung, die man gemacht hat, so betont wird, - [wie zum Beispiel,] dass man nach fünfundzwanzig Jahren Hobbins, den Urkundsbeamten[126], wieder auf dem Gehsteig getroffen hat. Hat sich denn folglich garnichts geändert? Das trifft auch auf die täglichen Nachrichten zu. Ihre Tatsachen scheinen in der Atmosphäre zu

---

[125] Hinweis auf Matthäus 6:24: *"Niemand kann zwei Herren dienen: entweder er wird den einen hassen und den andern lieben, oder er wird dem einen anhängen und den andern verachten. Ihr könnt nicht Gott dienen und dem Mammon."* (bibeltext.com 2020)

[126] Eine Erklärung hierfür findet sich im Netz: *"'Hobbins' ist ein undifferenzierter Name, und sein Beruf als Urkundsbeamter [...] ist nicht sehr interessant. Vielleicht würden wir heute 'Jones, der Buchhalter' sagen. Dennoch ist es ein Treffen mit Hobbins nach fünfundzwanzig Jahren, das eher Nachrichten macht als wichtigere Dinge, wie das Ende der Welt."* (Lee 2004)

schweben, unbedeutend wie die Sporen von Pilzen, und treffen auf eine vernachlässigte Flechte[127] oder die Oberfläche unseres Geistes, welche ihnen eine Grundlage und damit ein parasitäres Wachstum bieten. Wir sollten uns von solchen Nachrichten reinwaschen. Welche Folgen hätte es, wenn unser Planet explodierte, doch kein Wesen in die Explosion involviert wäre? Bei Gesundheit sind wir nicht im geringsten neugierig auf solche Ereignisse.[128] Wir leben nicht für nutzloses Vergnügen. Ich würde nicht durch die Gegend rennen, um zu sehen, wie die Welt explodiert.

[34] Den ganzen Sommer und bis weit in den Herbst hinein sind Sie vielleicht unbewusst an den Zeitungen und [ihren] Neuigkeiten vorbeigegangen, und jetzt stellen Sie fest, dass es daran lag, dass der Morgen und der Abend voller Neuigkeiten für Sie waren. Ihre Spaziergänge waren voller Zwischenfälle. Sie kümmerten sich nicht um die Angelegenheiten Europas, sondern um Ihre eigenen Angelegenheiten auf den Feldern von Massachusetts. Wenn Sie in dieser dünnen Schicht leben und sich

---

[127] Im Original "*Thallus*", ein Name der 1803 für Flechten eingeführt wurde und erst später allgemein für Thallophyten verwendet wurde.

[128] Im Original: "*In health we have not the least curiosity about such events*".
"*In Health*" könnte zwei Bedeutungen haben:
1. "*Bei [guter] Gesundheit*": Wenn wir gesund sind, haben wir kein Interesse an diesen Dingen.
2. "*Beim [Thema] Gesundheit*": Bezogen auf das Thema Gesundheit, verspüren wir keinen Drang bei Katastrophen dabei zu sein.

bewegen, in der die Ereignisse sind, aus denen die Nachrichten bestehen – dünner als das Papier, auf dem sie gedruckt sind -, und Ihr Dasein in dieser dünnen Schicht haben, dann werden diese Dinge für Sie die Welt bedeuten; aber wenn Sie über dieser Ebene schweben oder unter ihr tauchen, können Sie sich weder daran, [an diese Nachrichten,] erinnern noch daran erinnert werden. Wirklich, jeden Tag die Sonne auf- oder untergehen zu sehen, und uns folglich an einer universellen Tatsache zu orientieren, würde uns für immer geistig gesund erhalten.

[34a][129] Nationen! Was sind Nationen? Tataren[130] und Hunnen[131] und Chinesen! Sie schwärmen aus wie Insekten. Der Historiker bemüht sich vergeblich, sie denkwürdig zu machen. Es ist wegen des Wunsches nach einem [wahren] Menschen, dass es so viele Menschen gibt. Es sind [Menschen,] Individuen, die die Welt besiedeln. Jeder denkende Mensch kann im Geiste Lodins[132] sagen,-

---

[129] Im Originaltext ist hier kein Absatz, doch ich fand es, auf Grund der Leserlichkeit, besser, hier einen zu machen.

[130] Meist werden die Truppen von Dschingis Khan als Tartaren bezeichnet. Seit dieser Zeit ist es aber eine Bezeichnung für islamische Völker.

[131] Die Hunnen kamen ursprünglich aus Russland und zogen unter Attila dem Hunnenkönig Ende des 4. Jahrhunderts durch Europa.

[132] Eine Figur in "*The Poems of Ossian*" von Macpherson, die folgendes (Macpherson und MacGregor 1841, 160) sagt: (siehe nächste Fußnote)

"Ich schaue von der Höhe herab auf die Völker
und sie werden vor mir zu Asche;
Ruhe ist meine Wohnung in den Wolken;
angenehm sind die großen Felder meiner
Ruhe"[133]

[35] Betet, lasst uns leben ohne von Hunden gezogen zu werden, [die nach] Eskimo-Mode, mit rasender Geschwindigkeit über Berg und Tal rennen und sich gegenseitig in die Ohren beißen.

[Der Müll in unserem Denken]

[36] Nicht ohne ein leichtes Schaudern über die Gefahr, erkenne ich oft, wie nahe ich dran war, mir die Einzelheiten einer belanglosen Angelegenheit zu merken[134] - [wie] die Nachrichten von der Straße -[135] und ich bin erstaunt zu beobachten, wie bereitwillig

---

[133] Im Original:
"I look down from my height on nations,
And they become ashes before me;—
Calm is my dwelling in the clouds;
Pleasant are the great fields of my rest."
Macpherson gab 1768 vor, die Gedichte des Irischen Dichters Ossian aus dem 3. Jahrhundert zu übersetzen. Doch ist Mcphersson der eigentliche Autor. Es gab zwar einen Dichter dieses Namens (eigentlich "*Oisin*"), doch er hatte nichts damit zu tun. Dieses Werk beeinflusste viele Dichter, unter anderem Goethe.

[134] Im Original statt "*zu merken*": "*to admitting into my mind*" = "*in meinem Kopf zuzulassen*"

[135] Im Original sind hier zwei Semikolons (";"). Der besseren Lesbarkeit wegen, habe ich mich für zwei Bindestriche entschieden.

die Menschen sind, ihr Denken[136] mit solchem Müll voll zu stopfen,- und nutzlosen Gerüchten und Vorfällen der belanglosesten Art zu erlauben in einen Bereich vorzudringen, der das Heiligtum der Gedanken[137] sein sollte[138]. Soll das Denken eine öffentliche Arena sein, in der vor allem die Angelegenheiten der Straße und der Klatsch am Teetisch diskutiert werden? Oder soll es ein Quartier des Himmels selbst sein, ein hypätethraler Tempel[139], geweiht dem Dienst an den Göttern? Ich finde es so schon schwer, über die wenigen für mich bedeutsamen Tatsachen zu verfügen, dass ich zögere, meine Aufmerksamkeit mit denen zu belasten, die unbedeutend sind und nur Gott[140] allein versteht, warum diese wichtig sein sollen.[141] Das sind in den meisten

---

[136] Im Original: "*mind*": Ich habe prinzipiell "*mind*" mit "*Denken*" oder "*Gedanken*" übersetzt. Besser wäre zwar Geist, doch hat dieses Wort auch religiös-esoterische Bedeutungen.

[137] Im Original: "*thought*" = "*Gedanken*"

[138] Eigentlich "*which should be sacred to thought*", doch ist die Idee dahinter, dass sie in etwas eindringen, wo sie nichts verloren haben. Deshalb geht hier nicht "*der dem Denken heilig sein sollte*", sie denken ja nicht.

[139] Ein antiker Tempel ohne Dach. Der römische Architekt Vitruvius soll etwa 25 vor Christus diese Idee beschrieben haben. Ein Beispiel dafür ist unter anderem der Tempel von Jupiter auf dem Olymp (Athen).

[140] Im Original: "*a divine mind*" = "*nous*" (griechisch, siehe nächste Fußnote dazu)

[141] Bei uns gibt es die Redewendung "Das verstehe Gott" für etwas, das wir für völlig unverständlich halten. Deshalb habe ich mich für diese Übersetzung entschieden.
"*A divine mind*" bezieht sich wahrscheinlich auf Plotins Schrift "*A Devine Mind*" (Plotinus 1918). "*Divine mind*"

Fällen die Nachrichten in den Zeitungen und die Gespräche. In dieser Hinsicht ist es wichtig, die Reinheit[142] der Gedanken zu bewahren. Stellen sie sich vor, die Einzelheiten eines einzigen Falles des Strafgerichtshofs in unsere Gedanken aufzunehmen, eine Stunde lang, ja viele Stunden lang, [sie] profan durch ihr Allerheiligstes[, durch ihre Gedanken] schleichen zu lassen, um aus der innersten Wohnung des Denkens eine Bar zu machen, als hätte uns der Staub der Straße bewohnt – [ja, als wäre es] die Straße selbst, mit all ihrem Verkehr, ihrer Hektik und dem Schmutz, der durch das Heiligtum unserer Gedanken ging! Wäre das nicht ein intellektueller und moralischer Selbstmord? Als ich gezwungen war, einige Stunden lang als Zuschauer und Zuhörer in einem Gerichtssaal zu sitzen,[143] und als ich meine Nachbarn, die nicht gezwungen waren [da zu sitzen], von Zeit zu Zeit hereinschleichen und auf Zehenspitzen mit gewaschenen Händen und Gesichtern umhergehen sah, dann schien es mir, als ob,

---

(oder "*Nous*") ist ein wichtiger Begriff bei Plotin. Das *Nous* (*divine mind*) gilt als der Ort, wo Ideen produziert werden, mit dem sie aber auch verstanden werden. Laut Wikipedia: "*So gelangt Plotin[us] zu seinem berühmten, für seine Philosophie charakteristischen Lehrsatz: Die Ideen existieren nur innerhalb des Nous* [devine mind]." (Wikipedia 2020e) Und die Nachrichten existieren eigentlich nur in einer dünnen Schicht Papier.

[142] "*Chastity*" (im Original) bedeutet auch Keuschheit, was aber im Deutschen eine Bedeutung hat, deren Richtung etwas ins Falsche läuft. Hier geht es darum, nicht mit den "*falschen*" Gedanken "*schwanger*" zu werden, also sie von sich fern zu halten.

[143] Thoreau war mehrfach als Zeuge in einem Gerichtssaal.

wenn sie ihre Hüte abnähmen, ihre Ohren sich plötzlich zu riesigen Schalltrichtern ausdehnten, zwischen denen sogar ihre schmalen Köpfe eingepfercht wurden. Wie die Flügel von Windmühlen fingen sie den breiten, aber seichten Schallstrom auf, der, nach einigen erregenden Herumwirbelungen in ihren angepassten[144] Gehirnen, auf der anderen Seite das Gehirn wieder verließ. Ich fragte mich, ob sie, als sie nach Hause kamen, genauso darauf achteten, sich die Ohren zu waschen wie zuvor ihre Hände und ihre Gesichter. Es schien mir, dass zu einem solchen Zeitpunkt die Zuhörer und die Zeugen, die Geschworenen und der Rechtsbeistand, der Richter und der Kriminelle bei seinem Rechtsanwalt[145] – wenn ich ihn vor seiner Verurteilung für schuldig erklären darf – alle gleichermaßen kriminell waren, und man könnte erwarten, dass ein Donnerschlag sie alle zusammen versengt und verzehrt.

[37] Alle Arten von Fallen und Hinweistafeln, die die extreme Strafe des göttlichen Gesetzes androhen, schließen solche Eindringlinge[146] [wie diese unnützen Informationen] vom einzigen Grund und

---

[144] Im Original: "*coggy*". Laut Urbandictionary (Urban Dictionary o. J.): *"Jemand, dessen Hauptanliegen es ist, sich anzupassen und/oder soziale Konstrukte zu akzeptieren ohne sie zu hinterfragen und sich passiv von der Gesellschaft formen lässt."*

[145] Im Original: "*at the bar*" = "*at the barrister*" = beim Anwalt

[146] Im Original: "*trespassers*". Thoreau beschreibt hier das Bild eines Grundstücks, mit Gefahr-Schildern und Fallen, das dadurch Eindringlinge, also solche, die durchgehen (*trespass*) wollen, fernhält.

Boden aus, der Ihnen heilig sein kann[, dem Denken]. Es ist so schwierig zu vergessen, doch was gibt es Schlimmeres, als sich an Nutzloses zu erinnern! Wenn ich ein Durchfahrtsweg[147] [für Informationen] sein soll, dann ziehe ich es vor, dass er von den Gebirgsbächen, [oder] den Flüssen des Parnassus[148], und nicht von den Abwasserkanälen der Stadt

---

[147] Thoreau schreibt hier eigentlich "*thoroughfare*" was allgemein nur eine Möglichkeit zur Durchfahrt, wie eine Straße oder ein Weg ist. Leider haben wir im Deutschen kein schönes Wort, als "*Durchfahrt*" für Wasser.

[148] Thoreau schreibt hier von den "*Parnassian streams*". Wikipedia: "*Der Parnass ist ein 2455 Meter hoher Gebirgsstock in Zentralgriechenland. Am südwestlichen Fuß des Massivs liegt Delphi. [...] In der griechischen Mythologie ist der Berg Apollon geweiht und die Heimat der Musen, der Göttinnen der Künste. Deswegen gilt der Parnass in übertragener Bedeutung als Sinnbild und Inbegriff der Lyrik, beziehungsweise der Kunst.*" (Wikipedia 2020d) Laut Merriam Webster wird der Ausdruck "*Parnassian*" seit 1602 auch im Sinne von "*poetisch*" oder "*die Poesie betreffend*" verwendet (Merriam Webster o. J.). Thoreau könnte hier absichtlich diese Doppeldeutigkeit eingebaut haben. "*Parnassian streams*" könnte also für Poesie stehen.
Parnassus taucht bei ihm häufiger als Thema auf. So auch in der Erzählung "*A Week on the Concord and Merrimack Rivers*" (Thoreau 2013), wo Thoreau aus "*Cooper's Hill*" (1655) von Sir John Denham zitiert:
"*Sure there are poets which did never dream
Upon Parnassus, nor did taste the stream
Of Helicon; we therefore may suppose
Those made not poets, but the poets those.*"
"*Sicherlich gibt es Dichter, die nie geträumt haben,
auf dem Parnass, noch kosteten den Strom
des Helikon; wir können daher annehmen,
diese brachten nicht Dichter hervor, sondern die Dichter jene.*"

angelegt wird. Es gibt [zum einen] die Eingebung, den Tratsch, der dem aufmerksamen Geist von himmlischen Plätzen[149] zu Ohren kommt. Es gibt [zum anderen aber auch] die profane und abgestandene Offenbarung des Kneipenraums und der Polizeistation. Beide Nachrichten[, die himmlische und die irdische,] werden von ein und demselben Ohr aufgenommen. Nur der Charakter des Zuhörers bestimmt, für wen er offen und für wen geschlossen sein soll. Ich glaube, dass das Denken durch die Gewohnheit, sich um triviale Dinge zu kümmern, permanent entweiht werden kann, so dass all unsere Gedanken von Trivialität gefärbt sein können. Unser Intellekt selbst soll sozusagen makadamisiert[150] werden – sein Fundament soll in Fragmente zerbrochen werden [und für Straßenbelag verwendet werden], damit die Räder der Reise ihn überrollen können; und wenn Sie wissen würden, was den

---

[149] "*Courts of heaven*" könnten auch "*himmlische Gerichte*" sein ("*court*" bedeutet auch *Gericht*). Doch im zweiten Satz kommt dann die Bar und das "*police court*". So weit ich weiß, gibt es in den USA keine Polizeigerichte. Deshalb nehme ich an, dass er *"den Platz der Polizei",* also die *Polizeistation* meint. Dort wird wahrscheinlich über alle getratscht, die etwas verbrochen haben.

[150] Wikipedia: "*Der Begriff Makadam bezeichnet eine spezielle Bauweise von Straßen, bei der drei Schichten mit jeweils unterschiedlich großen, gebrochenen und gut verdichteten Gesteinskörnungen den Straßenoberbau bilden. Diese Bauweise wurde von dem schottischen Erfinder John Loudon McAdam zu Beginn des 19. Jahrhunderts entwickelt, um die Haltbarkeit und Widerstandsfähigkeit der bestehenden Straßen (häufig Packlagen-Bauweise) zu verbessern. Derart befestigte Straßen wurden als makadamisiert bezeichnet.*" (Wikipedia 2020f)

haltbarsten [Straßen-]Belag ausmacht, der Roll-steine, Fichtenblöcke und Asphalt übertrifft, dann brauchen Sie nur in einige unserer Köpfe zu schauen, die dieser Behandlung so lange ausgesetzt waren.

[38] Wenn wir uns auf diese Weise entweiht haben – und wer hat das nicht? – wird das Heilmittel darin bestehen, uns mit Vorsicht und Hingabe neu zu ent-weihen und wieder einen [heiligen] Tempel des Denkens[151] zu errichten. Wir sollten unser Denken, d.h. uns selbst, wie unschuldige und unbefangene Kinder behandeln, deren Hüter wir sind, und vor-sichtig sein, welchen Objekten und Themen wir unsere Aufmerksamkeit widmen. Lesen Sie nicht die Times. Lesen Sie die Ewigkeiten[152][, wie die Sonne, den Wind, und so weiter]. Konventionalitä-ten sind ebenso schlimm wie Unreinheiten. Sogar die Fakten der Wissenschaft können durch ihre Tro-ckenheit das Denken[153] verstauben, es sei denn, sie werden in gewisser Weise jeden Morgen ausge-löscht oder eher durch den Tau der frischen und lebendigen Wahrheit fruchtbar gemacht. Das Wis-

---

[151] Original: "*fane of the mind*". Ein "*fane*" ist ein Tempel oder Gotteshaus, auch ein Heiligtum, im weitesten Sinne.

[152] Im Original: "*Read not the Times. Read the Eternities.*" Lei-der geht die Doppeldeutigkeit in der Übersetzung verloren. Die "*Times*" ist eine Zeitung, aber es sind auch "*Die Zeiten*". Thoreau sagt also auch: "*Lesen Sie nicht die Zeiten. Lesen Sie die Ewigkeiten.*" Diese überdauern die Zeiten.

[153] Thoreau war kein Freund von reinem Wissen, das man nicht anwenden konnte. Es war ihm auch als Lehrer immer wichtig gewesen, den Lernstoff mit Leben und lebenspraktischer Anwendung zu füllen.

sen kommt nicht durch Details zu uns, sondern in Lichtblitzen vom Himmel. Ja, jeder Gedanke, der durch unser Denken fließt[154], trägt dazu bei, es zu strapazieren und die Furchen zu vertiefen, die zeigen, wie in den Straßen von Pompeji[155], wie sehr es benutzt worden ist. Wie viele Dinge gibt es, über die wir besser nachgedacht hätten, ob wir sie [wirklich] wissen sollten, - hätten wir doch besser ihre Hausiererkarren vorbei fahren lassen, [und dieses Wissen nicht bei uns aufgenommen], selbst im langsamsten Trab oder Schritt, über jene Brücke von herrlicher Spannweite, durch die wir hoffen, zuletzt vom fernsten Ufer der Zeit zur nächsten Küste der Ewigkeit zu gelangen! Haben wir [denn] keine Kultur, keine edlen Umgangsformen[156], sondern nur die Fähigkeit ungehobelt zu leben und dem Teufel zu dienen? - um ein wenig weltlichen Reichtum, Ruhm oder Freiheit zu bekommen und mit diesem [dann] ein falsches Schauspiel zu veranstalten, als wären wir alle Hülsen und Schalen, ohne empfindlichen[157] und lebendigen Kern? Sollen unsere Institutionen wie diese Stacheln der Kastanienschalen[158] sein, die

---

[154] Im Original: "*passes through the mind*" = "*durch unsere Gedanken hindurch geht*"

[155] Man kann diese Spuren wohl auch heute noch sehen: "*Die Straßen von Pompeji [...]. Heute werden sie von Touristen genutzt, [...] aber sie bewahren immer noch Spuren des Verkehrs, der einst durch diese Stadt floss.*" (Archaeology 2018)

[156] Im Original: "*refinement*" = Veredelung, Verbesserung, Verfeinerung

[157] Original: "*tender*" = liebevoll, zart, zärtlich, weich, empfindlich

[158] Original: "*chestnut-burs*", wörtlich: "*Kastanien-Kletten*"

verkümmerte Kastanien[159] enthalten, und die [deshalb] nur dazu geeignet sind, [dass wir] uns [damit] in die Finger stechen?

[Die Selbstversklavung]

[39] Man sagt, Amerika sei die Arena, in der die Schlacht um die Freiheit ausgefochten werden soll; aber es kann nicht Freiheit im rein politischen Sinne sein, die gemeint ist. Selbst wenn wir einräumen, dass der Amerikaner sich von einem politischen Tyrannen befreit hat, so ist er doch der Sklave eines wirtschaftlichen und moralischen Tyrannen. Jetzt, da die [Angelegenheiten der] Republik – die Res-Publica – geregelt sind, ist es an der Zeit, sich um die Res-Privata – die privaten Angelegenheiten[160] – zu kümmern, um zu sehen, wie [einst] der römische Senat seinen Konsuln auferlegte, "ne quid res-PRIVATA detrimenti caperet"[161], dass die PRIVATE Sache[162] keinen Schaden nimmt.

---

[159] Original: "*nuts*" = "*Nüsse*"

[160] Statt "*private Angelegenheiten*" schreibt Thoreau in Englisch "*private state*". Res privata (lat.) = die private Sache

[161] Bei Cicero (In Catilinam – Buch 1, Kapitel 4) heißt es: "*ne quid res publica detrimenti caperet*", übersetzt: "*dass der Staat nicht irgendeinen Schaden nehme.*" (Cicero 1970) und statt "*publica*" verwendet Thoreau "*privata*"

[162] Thoreau setzt "*private state*" die "*republic*" gegenüber.

[40] Nennen wir dies das Land der Freien?[163] Was bedeutet es, frei von König George zu sein[164] und weiterhin Sklaven[165] von König Vorurteil zu sein? Was bedeutet es, frei geboren zu sein und nicht frei zu leben? Was ist der Wert jeder politischen Freiheit, in Bezug auf moralische Freiheit?[166] Ist es die Freiheit, Sklaven zu sein, oder die Freiheit, frei zu sein, deren wir uns rühmen? Wir sind eine Nation von Politikern, denen es nur um die oberflächlichs-

---

[163] *"Do we call this the land of the free?"* Dieser Satz könnte sich auf die amerikanische Nationalhymne beziehen: *"Oh, say, does that star-spangled banner yet wave? O'er the land of the free and the home of the brave!"* ("Oh, sagt, weht die amerikanische Fahne, noch? Über dem Land der Freien und der Heimat der Tapferen!")
Allerdings wurde das Lied erst 1931 Nationalhymne. Der Text wurde 1812 als *Defence of Fort M'Henry* von Francis Scott Key geschrieben. Es war wohl bereits zu Zeiten Thoreaus sehr beliebt und da bereits als das Lied *"Star Spangled Banner"* bekannt (Claque 2014).

[164] 1783 wurde die USA unabhängig von England und damit *"frei von König George"*

[165] Eigentlich heißt es *"continue the slaves"*, aber Henry David Thoreau bezieht häufig gerne ein Verb auf zwei Sätze, deshalb ist *"continue [to be] the slaves"* hier korrekt. Das *"to be"* kommt aus dem ersten Teilsatz.

[166] Im Original: *"but as a means to moral freedom?"* *"A means to"* wird häufig mit *"als ein Mittel zur"* übersetzt. *"To mean"* bedeutet aber auch *"bedeuten"*. Meiner Ansicht nach verwendet Thoreau *"means"* im Sinne von *"Bedeutung"*. So dass der Satz wörtlich heißt: *"doch als eine Bedeutung für die moralische Freiheit"*. Da Thoreau am Anfang fragt *"Was ist der Wert.."* passt im Deutschen am besten als Fortsetzung *"bezogen auf.."*.

te[167] Verteidigung der Freiheit geht[168]. Es sind die Kinder unserer Kinder, die vielleicht wirklich frei sein können. Wir belasten uns zu Unrecht mit Steuern[169]. Es gibt einen Teil von uns, der [Steuern zahlen muss, aber] nicht repräsentiert wird. Es ist wie eine Besteuerung ohne Mitspracherecht[170] [und damit ein Verstoß gegen unsere Grundwerte]. Wir zahlen Steuern für Truppen, wir zahlen Steuern für

---

[167] Im Original: "*outmost*" = äußerste

[168] Thoreau schreibt hier *"concerned about the outmost defences only of freedom"*. Ich vermute, er meint es bildlich: Die Freiheit, die am entferntesten von uns ist, die uns am wenigsten betrifft, wird verteidigt.

[169] Im Original: *"We tax ourselves unjustly"*. "*Tax*" bedeutet "*besteuern*" aber auch "*belasten*". Beide Begriffe sind hier wichtig, um die Argumentation im folgenden Text besser nachvollziehen zu können.

[170] Hier habe ich es sehr frei wiedergegeben und weiche vom englischen Original ab. Im Original heißt es *"We tax ourselves unjustly. [...] It is taxation without representation."* "*Tax*" ist zwar Steuer, aber auch eine Belastung. Sicherlich meint Thoreau es hier doppeldeutig, da er ja ein großer Gegner des amerikanischen Steuersystems ist, doch kann man diese Doppeldeutigkeit nicht übersetzen.
Da es darum geht, dass wir mit etwas belastet werden (z.B. Steuern), aber letzten Endes nichts davon haben, habe ich es sinngemäß übersetzt.
Dadurch geht leider ein wenig die Bedeutung, die *"taxation without representation"* beinhaltet verloren. *"No taxation without representation"* ist ein Slogan, aus der Zeit der Revolution. Dass die Kolonien Englands an England Steuern zahlen mussten aber nicht genügend im Parlament repräsentiert wurden, und dadurch ihre Interessen nicht vertreten wurden, schürte die Wut in den englischen Kolonien. Deshalb der Slogan "Keine Besteuerung ohne Repräsentation". Er gehört zu den Grundwerten des amerikanischen Selbstverständnisses.

Narren und Vieh aller Art auf unseren Namen. Wir
besteuern unsere Körper unseren armen Seelen, bis
die Ersteren die ganze Substanz der Letzteren auf-
fressen.[171]

---

[171] Diesen Abschnitt kann man nicht wortgetreu ins Deutsche
übersetzen. Es ist ein ähnliches Problem, wie bereits in der
Fußnote zuvor. Zusammen mit dem vorhergehenden Satz
steht Im Original: "*It is taxation without representation. We
quarter troops, we quarter fools and cattle of all sorts upon
ourselves. We quarter our gross bodies on our poor souls, till
the former eat up all the latter's substance.*"
Der letzte Satz bezieht sich auf die Unabhängigkeitserklärung
der USA. In dieser heißt es:
"*He [King George] has combined with others to subject us to
a jurisdiction foreign to our constitution, and unacknowled-
ged by our laws; giving his Assent to their Acts of pretended
Legislation: For Quartering large bodies of armed troops
among us*"
Übersetzt wird dies meist wie folgt:
"*Er hat eine Unzahl neuer Ämter errichtet, und Schwärme
von Beamten hierher gesandt, um unser Volk zu erschöpfen
und seinen Lebensunterhalt aufzuzehren. Er hat unter uns in
Friedenszeiten stehende Heere gehalten, ohne Zustimmung
unserer gesetzgebender Behörden.*" (Verfassungen.net und
Bromme 2006)
Die Amerikaner werden nun nicht mehr von den Beamten des
Königs, sondern denen des Staates bedroht. Die Bedrohung
durch sie, fällt durch die Steuerzahlung an (siehe "*Von der
Pflicht zum Ungehorsam gegen den Staat*"). Die Haltung der
stehenden Heere (*quartering of armed troops*) ist nun schwer
zu übertragen, auf Narren und Vieh. Es gibt auch eine "*Kopfsteuer*", weshalb auch die "*Körper*" besteuert werden. Man
zahlt Steuern für die Armee, für die Narren (Politiker), für
das Vieh und den eigenen Körper. Dem Staat sind diese

[Provinzialität]

[41] In Bezug auf echte Kultur und Menschlichkeit, sind wir im Wesentlichen immer noch provinziell, nicht großstädtisch, nur Jonathans[172]. Wir sind provinziell, weil wir unsere Wertmaßstäbe nicht zu Hause finden, - weil wir nicht die Wahrheit verehren, sondern die Widerspiegelung der Wahrheit, - weil wir durch eine ausschließliche Hingabe an

---

Dinge (*res publica*) wichtig, nicht aber die Seele (*res privata*). Indem man diesen Dingen diese Wichtigkeit zuschreibt, und nur diesen, verschwindet die Seele, weil sie keinen Wert hat.

"*Quarter*" könnte ein Wortspiel sein. Einerseits bezieht er sich auf die Unabhängigkeitserklärung und damit auf die Bedrohung und Unrechtmäßigkeit, andererseits auf die "*quarterly taxation*", die Vierteljahressteuer. Viele Steuern wurden vierteljährlich bezahlt, wie zum Beispiel die Kopfsteuer, wegen deren Nichtbezahlung Thoreau im Gefängnis war. Auch die Beiträge für die Schule, die Thoreau unterhielt, mussten von den Eltern vierteljährlich bezahlt werden. Deshalb nehme ich an, dass es sich bei den aufgezählten Begriffen, um diejenigen handelt, für die eine Vierteljahressteuer bezahlt werden musste.

[172] Als "*Jonathans*" haben sich die Neu-Engländer selbst bezeichnet. Cramer (Thoreau und Cramer 2013) meint, Thoreau würde den Begriff im Sinne von "*Bauerntölpel*" verwenden, was einen Bezug zu Absatz Fehler: Verweis nicht gefundenFehler: Verweis nicht gefunden herstellen würde. Der Name *Jonathan* bezieht sich ursprünglich auf Jonathan in der Bibel, den ältesten Sohn von Saul und Bruder von David. Jonathan war ein treuer Gefolgsmann Davids und hinterfragte ihn nie - so wie einst die Neuengländer treue Gefolgsleute der englischen Krone waren. Ich denke, dass Thoreau den Namen *Jonathans* eher in dieser Bedeutung verwendete.

Handel und Gewerbe und Manufakturen und Land-
wirtschaft und dergleichen, die nur Mittel und nicht
das Ziel sind, verzogen und eingeengt werden.

[42] So ist das englische Parlament provinziell. Sie
sind nur Bauerntölpel, die sich selbst enttäuschen,
wenn eine wichtigere Frage auftaucht, die sie zu
klären haben, zum Beispiel die irische Frage[173] –
warum nenne ich sie eigentlich nicht "die englische
Frage"? Ihre Natur ist dem unterworfen, in dem sie
arbeiten.[174] Ihre "gute Erziehung" erkennt nur
Nebensächliches an. Die besten Manieren in der
Welt sind [letztendlich nichts als] Unbeholfenheit
und Einfältigkeit, wenn man sie mit einer feineren
Intelligenz vergleicht. Sie treten lediglich als die
Mode vergangener Tage - bloße Modeerscheinun-
gen[175], Knieschnallen und enganliegende Kniebund-

---

[173] Die Frage nach der Unabhängigkeit Irlands von England.
Man könnte sie auch als die Frage der Unabhängigkeit Englands von Irland bezeichnen.

[174] Im Original: "*Their natures are subdued to what they work
in.*" Hier zitiert Thoreau Shakespeare (Sonett 111) (Shake-
speare o. J.):
"*And almost thence my nature is subdued
To what it works in, like the dyer's hand:
Pity me, then, and wish I were renewed*"
"*Und von da an ist meine Natur dem unterworfen,
was sie hineinrührt, wie die Hand des Färbers:
Habe Mitleid mit mir und [ich] wünsche, ich würde erneuert
werden.*"
"*Works* in" ist bei Shakespeare eher "*hineinrühren*" oder
"*hineingeben*", doch das macht in Thoreaus Satz wenig Sinn.

[175] Thoreau verwendet hier "*courtliness*", was etwa "*würdevolle
oder zurückhaltende Schönheit der Form, der Erscheinung
oder des Stils*" bedeutet (laut Merriam Webster)

hosen[176], die nicht mehr zeitgemäß sind, - in
Erscheinung. Es ist dieser Mangel[177] [an inneren
Werten], und nicht die Güte der Kinderstube, [der
dazu führt,] dass sie ständig von ihrem Charakter
verlassen werden; sie sind wie abgelegte Kleider
oder Muschelschalen, die den Respekt beanspruchen, der dem lebenden Wesen gebührt. Euch werden die Schalen statt des Fleisches präsentiert, und
es ist im Allgemeinen keine Entschuldigung, dass
bei manchen Schalentieren[178] die Schalen mehr wert
sind als das Fleisch. Der Mensch, der mir seine
Manieren aufdrängt, tut so, als ob er mich in sein
Kuriositätenkabinett einführen müsste, während ich
ihn [nur] besuchen wollte. Es war nicht in diesem
Sinne, in welchem der Dichter Decker Christus
"den ersten wahren Herrn, der jemals atmete" nann-
te.[179] Ich wiederhole, dass in diesem Sinne der

---

[176] Im Original: "*small-clothes*". Das sind eng anliegende Knie-
bundhosen für Männer, wie sie ab ca. 1700 in England Mode
waren. Unter dem Knie konnte man sie mit Knieschnallen
enger machen.

[177] Im Original: "*vice*" = *Laster*, *Mangel*, *Fehler*

[178] Im Original: "*fishes*" "*Fishes with shells*" sind eigentlich
"*Meeresfrüchte*".

[179] Gemeint ist hier "*The Honest Whore*" (1616) von Thomas
Dekker (Teil 1, Akt 1, Szene 12):
"*The best of men*
That e'er wore earth about him was a sufferer;
A soft, meek, patient, humble, tranquil spirit,
The first true gentleman that ever breathed"
"*Der beste aller Männer,*
der je die Erde auf sich lud, war ein Leidender;
Ein sanfter, sanftmütiger, geduldiger, demütiger, ruhiger
Geist,

prächtigste Hof der Christenheit ein provinzieller Hof ist, der nur befugt ist, über transalpine Interessen zu beraten, nicht aber über die Angelegenheiten Roms[180]. Ein Prätor oder Prokonsul würde ausreichen, um die Fragen zu klären, die die Aufmerksamkeit des englischen Parlaments und des amerikanischen Kongresses in Anspruch nehmen.[181]

[Rhetorische Fragen]

[43] Regierung und Gesetzgebung! das sind meiner Meinung nach respektable Metiers[182]. Wir haben in der Weltgeschichte von dem göttlichen Numa, Lycurg und Solon[183] gehört, deren Namen zumin-

---

Der erste wahre Gentleman, der je geatmet hat".
(Dekker und Boston Public Library. Thomas Pennant Barton Collection of Shakespeare 1616)

[180] Das "*alte Rom*" war aufgeteilt in Rom (etwa Italien) und die Provinzen, die Gebiete hinter den Alpen (deshalb: transalpine). In den Provinzen herrschten Prätoren oder Prokonsule (= an Stelle eines Konsuls), in Rom herrschten die Konsule. Die Provinzen konnten nicht bei den Angelegenheiten Roms mitentscheiden, doch Rom entschied über ihre Angelegenheiten. So halten sich, laut Thoreau, die Engländer für Rom, sind aber Provinz.
Thoreau nimmt hier wahrscheinlich Bezug auf Julius Caesar. Dieser war lange Zeit der mächtigste Mann außerhalb Roms, hatte er doch fast ganz Zentraleuropa erobert, doch hatte er in Rom nichts zu sagen, bis er in Rom einmarschierte (etwa 48 v.Chr.).

[181] Siehe Fußnote zuvor.

[182] Im Original: "*profession*", was meist eher mit "*Berufsstände*" übersetzt wird, doch ist "*regieren*" kein Beruf.

[183] Der römische Kaiser Numa Pompilius, Lykurg (Lykurgos) von Sparta und Solon (von Athen) sind berühmte Staatsmän-

dest für ideale Gesetzgeber stehen mögen; aber denken Sie an eine Gesetzgebung, die die Sklavenzucht oder den Tabakexport regelt! Was haben göttliche Gesetzgeber mit dem Export oder Import von Tabak zu tun, was menschliche mit der Zucht von Sklaven? Angenommen, man würde die Frage irgendeinem Sohn Gottes [(einem gläubigen Menschen)][184] vorlegen, - und hatte ER im neunzehnten Jahrhundert keine Kinder[185] [keine Gläubigen?]? Ist sie[, die "Familie" Gottes, die Gläubigen,] eine Familie, die ausgestorben ist? Wie würde er[, der gläubige Mensch,] darauf antworten? Was soll ein Staat wie Virginia am letzten Tag, an welchem dieser die Hauptstadt war und die wichtigsten Produktionsstätten beherbergte, für sich selbst sagen?[186] Welchen Grund gibt es für Patriotismus in einem solchen Staat? Ich leite meine Fakten aus statistischen Tabellen ab, die die Staaten selbst veröffentlicht haben[187].

---

ner des Altertums, die als gerecht und weise galten und bedeutende gesetzliche Bestimmungen erlassen haben.

[184] Im Original: "*son of sod*", eine Bezeichnung für gläubige Menschen, meist Pfarrer oder Priester.

[185] Eine Anspielen auf "*son of god*" = "*Sohn Gottes*"

[186] In Virginia gründeten die Engländer ihre erste Kolonie. Die Städte Jamestown, und später Williamsburg, in Virginia waren ursprünglich so etwas, wie die Hauptstädte der englischen Kolonien in Nordamerika. Ab 1788 wurde New York die Hauptstadt und ab 1800 erst Washington.

[187] Dieser Satz ist seltsam und will nicht so recht passen. Ich vermute, Thoreau wollte sein Faktenwissen, dem Wissen von gläubigen Menschen gegenüberstellen, ganz nach dem Motto: "*Ich leite meine Fakten aus statistischen Tabellen ab - und ihr?*"

[der Preis des Handels]

[44] [Wir haben] Einen Handel, der jedes Meer, auf der Suche nach Nüssen und Rosinen, weiß macht[188] und seine Seeleute zu Sklaven![189] Neulich sah ich ein Schiff, das Schiffbruch erlitten hatte, was viele Menschenleben kostete, und seine Ladung von Lumpen, Wacholderbeeren und bitteren Mandeln war am Ufer verstreut. Es erscheint [mir] kaum der Mühe wert, die Gefahren des Meeres zwischen Livorno[190] und New York um einer Ladung Wacholderbeeren und Bittermandeln willen auf sich zu nehmen. Amerika schickt [Schiffe] in die Alte Welt für seine bitteren Mandeln![191] Ist nicht das Salzwas-

---

[188] Hier zitiert Thoreau - laut Cramer (Thoreau und Cramer 2013) - die *New England Gazette*, die einst über Neuengland schrieb: "*her canvas whitens every sea;*" Die Segel sind aus Canvas, einem Stoff aus Leinen und Hanf. Da die Neuengländer sehr viel Handel mit Segelschiffen betrieben, färbten ihre weißen Segel das Meer weiß.

[189] Es gab mehrere Vorfälle, bei denen "*schwarze*", freie Seeleute, nachdem sie in einem Hafen ankamen, dort verhaftet und zu Sklaven gemacht wurden, auf Grund der dort herrschenden Gesetze über Sklaverei. Cramer zitiert einen Bericht in dem es heißt: "*Vor einigen Jahren berührte ein Schiff aus Massachusetts Charleston und hatte einige freie Schwarze an Bord, [...] Bei ihrer Landung wurden sie aufgrund eines Gesetzes von South Carolina, das nicht sehr alt war, sofort ins Gefängnis gesteckt. Die Regierung von Massachusetts schickte in einem Zustand großer Empörung einen Anwalt, um den Fall zu untersuchen und dagegen zu demonstrieren.*" (Thoreau und Cramer 2013, 366) (siehe auch Fußnote 112 auf Seite 49)

[190] Livorno ist eine italieniesche Hafenstadt in der Toskana.

[191] Norditalien und Südfrankreich gehörten zu den Hauptanbaugebieten, nachdem der Mandelbaum aus Asien eingeführt

ser, ist nicht das Schiffswrack, bitter genug, um den Kelch des Lebens hier zu versenken? Und [dann] gibt es diejenigen, die sich als Staatsmänner und Philosophen bezeichnen, die so blind sind, zu glauben, dass Fortschritt und Zivilisation von genau dieser Art des Austausches und der Emsigkeit abhingen – der Emsigkeit der Fliegen um einen Honigtopf[192]. Sehr gut, merkt jemand an, wenn Menschen Austern wären[193]. Und sehr gut, antworte ich, wenn die Menschen Moskitos wären.

[45] Leutnant Herndon[194], den unsere Regierung zur Erforschung des Amazonasgebiets entsandte und, wie es heißt, zur Ausdehnung des Gebiets der Sklaverei, stellte fest, dass es dort an "einer arbeitsamen und tüchtigen Bevölkerung fehlt, die weiß, was die Annehmlichkeiten des Lebens sind, und die über das Zusammenleben mit der Natur hinausgehende

---

worden war.

[192] Im Original: "*molasses-hogshead*", was eigentlich "*Sirup-Fass*" bedeutet, doch im Deutschen sagen wir: "*Mit Honig fängt man Fliegen*".

[193] Thoreau bezieht sich hier auf eine seiner anderen Schriften. In *Cape Cod* zitiert er einen gewissen Wellfleet Oysterman, der Austern als etwas beschreibt, das sich fortpflanzt, sobald es sich niederlässt, bzw. sich niederlässt um sich fortzupflanzen. (Thoreau 2013)

[194] Laut Kleinhempel wurde Leutnant Herndon 1851/52 mit einer Expedition ins Amazonasgebiet beauftragt. Thoreau zitiert hier aus seinem Bericht "*Exploration of the Valley of the Amazon*" (U.S.N und Herndon 1853). Im ersten Band schlage Herndon, so Kleinhempel, "*den Plantagenbesitzern vor, ihre Sklaven nach Brasilien zu schicken um das Land dort zu kultivieren*" (Thoreau, Kleinhempel, und Schäfer 2017, 59)

Bedürfnisse[195] hat, die großen Ressourcen des Landes auszubeuten". Doch welche "über das Zusammenleben mit der Natur hinausgehenden Bedürfnisse" sollen gefördert werden? Etwa die Liebe zum Luxus, wie der Tabak und die Sklavenhaltung seiner Heimat Virginia, oder das Eis oder der Granit oder andere materielle Reichtümer unseres Heimatlandes Neuengland; noch sind "die großen Ressourcen eines Landes" jene Fruchtbarkeit oder Kargheit des Bodens, die dieser hervorbringt. Das wichtigste war in jedem Staat, in dem ich gewesen bin[196], für das Hauptanliegen seiner Einwohner einzutreten. Dieses [Anliegen] allein führt zum Herausziehen der "großen Ressourcen" aus der Natur (und schließlich zur darüber hinausgehenden Belastung dieser)[197], denn der Mensch stirbt natürlich ohne sie[198]. Wenn wir

---

[195] Der Satz *"über das Zusammenleben mit der Natur hinausgehende Bedürfnisse"* ist meine Eindeutung von *"artificial wants"* (im Original). *"Artificial"* bedeutet etwa *"nicht der Natur gemäß"* oder *"nicht natürlich"* usw. Es wird häufig mit *"künstlich"* übersetzt oder mit *"unnatürlich"*, was hier aber nicht passt, da dies im Deutschen Assoziationen weckt, die hier nicht gemeint sind. Es geht um Wünsche, die die Natur nicht befriedigen kann, sie gehen deshalb *"über das Zusammenleben mit der Natur hinaus"* und nötigen uns dadurch, diese dafür zu zerstören. Außerdem verwendet Thoreau diesen Begriff zweimal, nämlich gleich im anschließenden Satz nochmals und die gewählte Übersetzung muss in beiden Sätzen passen, sonst wird es seltsam.

[196] Thoreau war bis dahin nur in nordamerikanischen Staaten.

[197] Klammern von mir gesetzt zum besseren Verständnis.

[198] Im Original: *"for man naturally dies out of her."* *"Out of her"* = *"außerhalb von ihr"*, doch das klingt im Deutschen komisch. Wir sagen nicht, *"wir sterben* außerhalb *der Natur"*, sondern *"wir sterben* ohne *die Natur."*

die Kultur mehr als die Kartoffeln[199] und die Erleuchtung mehr als die Süßigkeiten[200] wollen, dann werden die wirklich großen Ressourcen einer Welt belastet und und aus ihr gewonnen[201], und das Ergebnis, oder das Hauptprodukt seiner Produktion[, der Produktion des Menschen], wären nicht Sklaven oder Arbeiter, sondern [wahre] Menschen, - die seltenen Früchte, die Helden, Heilige, Dichter, Philosophen und Erlöser genannt werden.

[Regierungen]

[46] Kurz gesagt, so wie sich eine Schneewehe [genau] dort bildet, wo der Wind eine Flaute hat, so entsteht, wie man sagt, dort, wo die Wahrheit eine Flaute hat, eine Institution. Aber die Wahrheit weht dennoch direkt darüber hinweg und bläst sie schließlich davon.

---

[199] Die Kartoffeln stammen ursprünglich aus Südamerika und sind nicht in den USA beheimatet.

[200] Eigentlich im Original "*sugar plums*". Das waren ursprünglich Gelee-Früchte, die im im 17. Jahrhundert zusätzlich eine harte Schale durch Zuckerguss bekamen. Thoreau verwendet das Beispiel hier, weil *sugar-plums* vor allem aus Zucker bestehen und dieser muss, wie auch die Kartoffeln, aus Südamerika importiert werden. So sind beide, Kartoffeln und Süßigkeiten (*sugar plums*), ein Symbol für Kolonialismus und Ausbeutung.

[201] Eigentlich "*drawn out*", was man auch mit "*ausgebeutet*" übersetzen kann. Dies würde zur Ausbeutung der Natur passen und dieser gegenüber gestellt werden. Doch hat es im Deutschen auch noch andere, missverständliche Bedeutungen.

[47] Was man Politik nennt, ist vergleichsweise etwas so Oberflächliches und Unmenschliches, dass ich tatsächlich nie richtig erkannt habe, dass es mich überhaupt betrifft. Ich nehme an, dass die Zeitungen einige ihrer Kolumnen speziell der Politik oder der Regierung unterwürfig widmen[202]; und das, so würde man sagen, ist alles, was sie[, die Regierung, noch] rettet; aber da ich die Literatur liebe, und in gewissem Maße auch die Wahrheit, lese ich diese Kolumnen jedenfalls nie. Ich möchte mein Rechtsempfinden nicht so sehr abschwächen. Ich muss mich nicht danach fragen lassen, ob ich auch nur eine einzige Botschaft eines Präsidenten[203] gelesen habe. Es ist ein seltsames Zeitalter, in dem Imperien, Königreiche und Republiken an die Tür eines Privatmannes klopfen und ihre Beschwerden in seinen Intimbereich tragen[204]! Ich kann keine Zeitung mitnehmen, ohne festzustellen, dass die eine oder andere unglückliche Regierung mich, den Leser, stark bedrängt oder auf den Knien anfleht, - für sie zu stimmen – aufdringlicher als ein italieni-

---

[202] Im Original: "*devote*", eigentlich "*widmen*" oder "*zuwenden*", doch hat "*devote*" auch etwas Untergebenes. Die Politiker nutzen die Zeitungen unentgeltlich, für ihre Propaganda.

[203] Im Original "*president's message*". Das ist eine Mitteilung zum Beispiel eines Vorsitzenden, an die Mitglieder. Mit "*president*" ist jede Form eines Präsidenten oder Vorsitzenden gemeint, also auch eines Vereins, einer Gewerkschaft, einer Institution, etc, nicht unbedingt der amerikanische Präsident. Doch macht nur letzterer hier tatsächlich Sinn.

[204] Eigentlich "*utter [...] at his elbow*", also "*[...] vorbringen und ihm dabei körperlich sehr nahe kommen*".

scher Bettler[205]; und wenn ich die Absicht habe, die
Unterlagen [des Bettlers] anzuschauen, die vielleicht von irgendeinem wohlwollenden Kaufmanns-
beamten oder dem Schiffer, der diesen [Bettler] her-
gebracht hat, ausgestellt wurden, denn er selbst [der
Bettler] kann kein Wort Englisch, werde ich wahrscheinlich von dem Ausbruch des Vesuvs oder der
Überflutung durch einen echten oder gefälschten
Po[206] lesen, was ihn in diesen Zustand gebracht
habe. Ich zögere in einem solchen Falle nicht,
Arbeit oder das Armenhaus vorzuschlagen; aber
warum machen sie nicht ihre Arbeit in aller Stille[207],
wie ich es gewöhnlich tue? Der arme Präsident, der
damit beschäftigt ist, seine Popularität zu bewahren
und seine Pflicht zu erfüllen, ist völlig ratlos. Die
Zeitungen sind die herrschende Macht. Jede andere
Regierung[, als die der Zeitungen,] wird in Fort
Independence[208] auf ein paar Marinesoldaten redu-

---

[205] Cramer (Thoreau und Cramer 2013) meint, Thoreau hätte
"*The French and Italian Notebook*" von Nathaniel Hawthorne
(Hawthorne 2009) gelesen, in welchem beschrieben wird,
wie Hawthorne ständig von Bettlern in Rom belästigt wird.

[206] Ein Fluss in Norditalien

[207] Im Original: "*or why not keep its castle in silence*". "*To
Keep*" wird hier im Sinne von "*In Ordnung halten*" (wie
"*housekeeper*") gebraucht. "*Its castle*" verwendet er wahrscheinlich wegen des Sprichworts "*a home is a man's castle*".

[208] Ein Fort (Armeestützpunkt) in Boston, wo Henry Davids
Vater einst stationiert war. Dies ist ein Wortspiel: "*Fort Independence*" ist etwa "*Die Festung Unabhängigkeit*". Und
eigentlich sollte ja das Parlament und der Präsident für die
Unabhängigkeit eintreten. Doch in Wirklichkeit herrschen die
Zeitungen und das einzige, was von der "*Unabhängigkeit*"
bleibt, sind ein paar Soldaten in einem Fort, das deren Namen

ziert. Wenn ein Mensch es versäumt, die Daily
Times zu lesen, wird die Regierung vor ihm auf die
Knie fallen, denn das ist der einzige Verrat in diesen
Tagen.

[Schluss]

[48] Die Dinge, die heute die Aufmerksamkeit der
Menschen am meisten beanspruchen, wie die Politik und die tägliche Routine, sind zwar lebenswich-
tige Funktionen der menschlichen Gesellschaft,
sollten aber unbewusst ausgeführt werden, wie die
entsprechenden Funktionen des physischen Kör-
pers. Sie sind nicht wirklich menschlich[209], [eher]
eine Art von Vegetation [die uns umgibt]. Manchmal erwache ich wie im Halbschlaf, und werde mir
bewusst, was sich um mich herum abspielt, denn
ein Mensch kann sich einiger Verdauungsprozesse
in einem sterbenden Zustand bewusst werden, wie
etwa der Dyspepsie[210], wie man sie nennt. Es ist, als
ob sich ein Denker unterwarf, um sich vom großen
Kaumagen der Schöpfung zerkleinern zu lassen.
Die Politik ist sozusagen der Magen der Gesell-

---

trägt.

[209] Im Original: "*They are infra-human*", "*infra*" = "*unterhalb*"
(*intra = im Innern*). "*Infra-human*" ist also etwa "*untermen-*
schlich". Sie gehören zum Menschen, sind aber unter diesem
angesiedelt. Als "*infrahuman*" werden z.B. Menschenaffen
bezeichnet. Das deutsche Wort "*unterhalb*" drückt diese
Zugehörigkeit nicht aus, deshalb habe ich mich für eine etwas
freiere Übersetzung entschlossen.

[210] Dyspepsie: Ein Symptomkomplex aus Reizdarm, Blähungen,
etc.

schaft, voll von Kies und Schotter, und die beiden politischen Parteien sind ihre beiden entgegengesetzten Hälften, die manchmal in verschiedene Flügel[211] aufgeteilt sind, und sich, mag sein, dann gegenseitig zermalmen. Nicht nur Individuen, sondern auch Staaten haben also eine bestätigte Dyspepsie[, Blähungen,] die sich, wie Sie sich vorstellen können, mit solch einer Beredsamkeit ausdrückt. Unser Leben ist also nicht gänzlich ein Vergessen[212], sondern auch, leider! zu einem großen Teil, ein Erinnern an das, dessen wir uns nie hätten bewusst sein dürfen, schon gar nicht in unseren wachen Stunden. Warum sollten wir uns nicht treffen, nicht immer nur als Dyspeptiker, um uns unsere schlechten Träume[213] zu erzählen, sondern auch einmal als Eupeptika[, als Mittel gegen Dyspepsie], um einander zu einem stets herrlichen Morgen zu gratulieren? Ich stelle sicher keine übertriebene Forderung.

---

[211] Eigentlich schreibt Thoreau, dass sie zwei Hälften sind, die manchmal sogar geviertelt sind. Doch das ist seltsam im Deutschen. Ich vermute, dass er das Bild des "Schotters" weiter verwenden wollte. Zwei Hälften sind noch kein Schotter, erst wenn sie weiter zerbröseln.

[212] Laut Cramer (Thoreau und Cramer 2013) bezieht sich Thoreau hier auf die "*Ode on Intimations of Immortality from Recollections of Early Childhood*" von William Wordsworth: "*Our birth is but a sleep and a forgetting*".

[213] Schlechte Träume sind typisch bei Dyspepsie.

[Schluss]

LITERATURANGABEN

Archaeology, Current World. 2018. „Driving the Streets of Pompeii". *World Archaeology* (blog). 25. Januar 2018. https://www.world-archaeology.com/features/crosstown-traffic-driving-streets-pompeii/.

bibeltext.com. 2020. „Bibel Online". bibeltext.com. 2020. https://www.bibeltext.com/.

Bunyan, John. 1917. *Pilgrim's Progress*. Boston, New York [etc.] Ginn and Company. http://archive.org/details/pilgrimsprogress04buny.

Cicero, Marcus Tullius. 1970. „Cicero, 1. Catilinarische Rede (lateinisch / deutsch)". *gottwein.de* (blog). 1. Januar 1970. https://gottwein.de/Lat/CicRed/catilina1.php.

Claque, Mark. 2014. „Banner Moments: The National Anthem in American Life". https://deepblue.lib.umich.edu/documents.

Dekker, Thomas und Boston Public Library. Thomas Pennant Barton Collection of Shakespeare. 1616. *The Honest Whore : With the Humours of the Patient Man, and the Longing Wife*. London : Printed by Nicholas Okes for Robert Basse, and are to sold at his shop vnder S. Butolphes Church without Alders gate. http://archive.org/details/honestvvhorewith00dekk.

Hawthorne, Nathaniel. 2009. *The French and Italian Note-Books*. Newcastle: CSP Classic Texts.

Howitt, William. 1855. *Land, Labor and Gold; or, Two Years in Victoria : With Visits to Sydney and Van Diemen's Land. By William Howitt*. Boston, Mass.: Ticknor and Fields. http://archive.org/details/landlaborgoldort02howi.

islam.de. o. J. „islam.de / Quran Übersetzung - Suren /". Zugegriffen 23. Dezember 2020. http://islam.de/13827.php?sura=38.

John Shepard Keyes, Social Circle in Concord. 1888. *Memoirs of Members of the Social Circle in Concord*. Riverside Press. http://archive.org/details/memoirsmemberss00emergoog.

Lee, James. 2004. „Hobbins, Registrar of Deeds". Narkive Newsgroup Archive. 2004. https://sci.lang.translation.narkive.com/PauOXvCh/hobbins-registrar-of-deeds.

Lunt, Horace. 1888. *Across Lots*. Boston, D. Lothrop company. http://archive.org/details/cu31924031320132.

Macpherson, James, und Patrick MacGregor. 1841. *The Genuine Remains of Ossian, Literally Translated*. Smith, Elder.

Merriam Webster. o. J. „Definition of PARNASSIAN". Zugegriffen 12. Dezember 2020. https://www.merriam-webster.com/dictionary/Parnassian.

Plotinus. 1918. „PLOTINUS, THE DIVINE MIND; BEING THE TREATISES OF THE FIFTH ENNEAD". Übersetzt von Stephen Mackenna. THE ONLINE LIBRARY OF LIBERTY © Liberty Fund, Inc. 2005. URL of this E-Book: http://oll.libertyfund.org/EBooks/Plotinus_0742.04.pdf.

Roosevelt, Theodore. 1906. „Theodore Roosevelt - The Man with the Muck-Rake". *Americanrhetoric.Com* (blog). 1906. https://www.americanrhetoric.com/speeches/teddyroosevelt-muckrake.htm.

Shakespeare, William. o. J. „Shakespeare's Sonnets". Shakespeares-Sonnets.Com. Zugegriffen 25. Dezember 2020. http://shakespeares-sonnets.com/sonnet/111.

Shakespeare, William, und Philip Weller. o. J. „OTHELLO, Act 1 Scene 3". Shakespeare Navigators. Zugegriffen 31. Dezember 2020. https://www.shakespeare-navigators.com/othello/T13.html.

Thoreau, Henry David. 1906. *The Writings of Henry David Thoreau (1906)*. Boston and New York: Houghton, Mifflin and Company. https://www.walden.org/work/the-writings-of-henry-david-thoreau/.

———. 2013. *Complete Works of Henry David Thoreau*. 1. Edition. Delphi Classics.

Thoreau, Henry David, und Thomas Carew. 1854. *Walden; or, Life in the Woods*. Boston: Ticknor and Fields. http://archive.org/details/waldenorlifeinwo1854thor.

Thoreau, Henry David, William Ellery Channing, Ralph Waldo Emerson, und Sophia E. Thoreau. 1866. *A Yankee in Canada, with Anti-Slavery and Reform Papers*. Boston, Mass.: Ticknor and Fields. http://archive.org/details/yankeeincanada00thorrich.

Thoreau, Henry David, und Jeffrey S. Cramer. 2013. *Essays: a fully annotated edition*. New Haven: Yale University Press.

Thoreau, Henry David, Peter Kleinhempel, und Frank Schäfer. 2017. *Leben ohne Grundsätze Essay*.

Thoreau, Henry David, und Bradford Torrey. 1906. *THE WRITINGS OF HENRY DAVID THOREAU*. Bd. 1, 1837–1846. Journal. Boston and New York: Houghton, Mifflin and Company.

Urban Dictionary. o. J. „Urban Dictionary: Coggy". Urban Dictionary. Zugegriffen 12. Dezember 2020. https://www.urbandictionary.com/define.php?term=Coggy.

U.S.N, und Lieutenant William Lewis Herndon. 1853. „Exploration of the Valley of the Amazon; Vol. I. by William Lewis Herndon 1853". WASHINGTON: ROBERT ARMSTRONG, PUBLIC PRINTER. Wikisource. https://en.wikisource.org/wiki/Exploration_of_the_Valley_of_the_Amazon,_Vol.I.

Verfassungen.net, und Traugot Bromme. 2006. „Unabhängigkeitserklärung der dreizehn Vereinigten Staaten von Nord-Amerika (1776)". http://www.verfassungen.net/us/unabhaengigkeit76.htm.

Wikipedia. 2018. „Court of Chancery". In *Wikipedia*. https://de.wikipedia.org/w/index.php?title=Court_of_Chancery&oldid=183796453.

———. 2020a. „Lajos Kossuth". In *Wikipedia*. https://de.wikipedia.org/w/index.php?title=Lajos_Kossuth&oldid=201117068.

———. 2020b. „Sacred Band (1821)". In *Wikipedia*. https://en.wikipedia.org/w/index.php?title=Sacred_Band_(1821)&oldid=972730316.

————. 2020c. „Heilige Schar (Theben)". In *Wikipedia*. https://de.wikipedia.org/w/index.php?title=Heilige_Schar_(Theben)&oldid=203031689.

————. 2020d. „Parnass". In *Wikipedia*. https://de.wikipedia.org/w/index.php?title=Parnass&oldid=204405890.

————. 2020e. „Plotin (Plotinus)". In *Wikipedia*. https://de.wikipedia.org/w/index.php?title=Plotin&oldid=205118433.

————. 2020f. „Makadam". In *Wikipedia*. https://de.wikipedia.org/w/index.php?title=Makadam&oldid=205204209.

Wilkins, Charles. 1885. *Hitopadesa: Fables and Proverbs from the Sanskrit*. London : George Routledge and Sons. http://archive.org/details/fablesandproverb00unknuoft.

WEITERE VERÖFFENTLICHUNGEN

Henry David Thoreau:
Mensch sein, statt Untertan

Thoreau, H.D., Emerson, R.W., Schieferdecker C.: Mensch sein, statt Untertan. Norderstedt (BoD), 2021, 260 Seiten

Das Buch enthält die folgenden Schriften, neu übersetzt und mit zahlreichen Anmerkungen zur Übersetzung, geschichtlichen Hintergründen und Bedeutungen der Texte versehen:

- *Über die Pflicht zum Ungehorsam gegen den Staat*
- *Leben ohne Prinzipien*
- *Sklaverei in Massachusetts*
- *Unabhängigkeit (Gedicht)*

So wie die drei Essays und das Gedicht im Original:

- *On the Duty of civil Disobedience*
- *Life without Principles*
- *Slavery in Massachusetts*
- *Independence (Gedicht)*

Außerdem:

- *Ralph Waldo Emerson über Henry David Thoreau (Biographical Sketch)*
- *Thoreau und seine Zeit (geschichtlicher Überblick)*

Die Essays als Einzelausgaben:

Folgende Essays von Henry David Thoreau gibt es bislang auch als Einzelausgaben. Alle wurden *neu übersetzt* und *mit zahlreichen Anmerkungen* zur Übersetzung, geschichtlichen Hintergründen und Bedeutungen der Texte versehen.

Henry David Thoreau:
Über die Pflicht zum Ungehorsam gegen den Staat

Thoreau, H.D., Schieferdecker C.: Über die Pflicht zum Ungehorsam gegen den Staat. Norderstedt (BoD), 2021, 88 Seiten

Henry David Thoreau:
Leben ohne Prinzipien

Thoreau, H.D., Schieferdecker C.: Leben ohne Prinzipien. *Norderstedt (BoD), 2021, 90 Seiten*

Henry David Thoreau:
Unterwürfigkeit oder: Sklaverei in Massachusetts

Thoreau, H.D., Schieferdecker C.: Unterwürfigkeit oder: Sklaverei in Massachusetts. *Norderstedt (BoD), 2021, 76 Seiten*

Dieses Buch enthält eine Neuübersetzung von "*Slavery in Massachusetts*" *(Sklaverei in Massachusetts)*, sowie zusätzlich einen geschichtlichen Überblick über die Entwicklung der Sklavereigesetze.